新时代教育高质量发展书系
XIN SHIDAI JIAOYU GAO ZHILIANG FAZHAN SHUXI

U0729791

仇玉玲 ◎ 著

汉字探秘

写给孩子的72堂文化寻根课

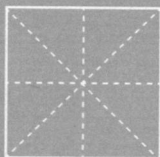

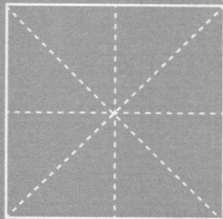

中国大百科全书出版社　　知识出版社

图书在版编目（CIP）数据

汉字探秘：写给孩子的 72 堂文化寻根课 / 仇玉玲著
. -- 北京：知识出版社，2021. 11
（新时代教育高质量发展书系）
ISBN 978-7-5215-0450-7

Ⅰ.①汉… Ⅱ.①仇… Ⅲ.①汉字—小学—教学参考
资料 Ⅳ.① G624.203

中国版本图书馆 CIP 数据核字（2021）第 206427 号

汉字探秘：写给孩子的 72 堂文化寻根课

仇玉玲　著

出 版 人	姜钦云	
图书统筹	王云霞	
责任编辑	王云霞　汪　婷	
责任印制	吴永星	
版式设计	博越创想	
出版发行	知识出版社	
地　　址	北京市西城区阜成门北大街 17 号	
邮　　编	100037	
网　　址	http://www.ecph.com.cn	
电　　话	010-88390659	
印　　刷	北京一鑫印务有限责任公司	
开　　本	710mm×1000mm　1/16	
印　　张	18.5	
字　　数	246 千字	
版　　次	2021 年 11 月第 1 版	
印　　次	2023 年 3 月第 2 次印刷	
书　　号	ISBN 978-7-5215-0450-7	
定　　价	58.00 元	

让教育沐浴人性的光辉

　　教育是关乎千家万户的事业，任何一个社会，都需要教育思想的引领。时代在变，教育也在变。然而，变中也有"不变"，所以，我们要对教育进行哲学的思考，只有搞清楚了哪些需要变，哪些不能变，才能真正做好教育。而教育的本质是什么，什么是好的教育，理想的教育是什么样的，这些最基本的教育问题应是教育哲学思考的源头。只有弄清楚这些最基本的问题，我们才能找到正确的方向，办出有质量的教育。

　　教育是培养人的事业，是一个通过培养人让人类不断走向崇高、生活更加美好的事业。因此，教育最重要的任务是塑造美好的人性，培养美好的人格，使学生拥有美好的人生。如何达成这样的目标？那就需要一批有理想、有情怀、有追求、有实干精神的校长和教师，用自己的青春和智慧去践行。而在现实中，也确实有这样一群人，他们热爱教育事业，关爱每一个学生，一步一个脚印，用脚去丈量教育，用心去感受教育，用智慧去点亮教育。

　　如何将这样一群人聚在一起，用他们的智慧去影响更多的教师？

　　中国大百科全书出版社、知识出版社策划出版了"新时代教育高质量发展书系"，进行了可贵的探索。他们在全国范围内会聚了60名优秀的教育工作者，这些教育工作者大多是扎根教育一线的优秀校长和教师。书中的经验、实践、体会和思想，既有教学的艺术，也有管理的智慧；既有育人的技巧，也有师德的弘扬；既有教师的发展思考，也有校长的成长感悟；既有师生关系的融通之术，也有家校关系的弥合之道。60本书，60个点，每一个点都是一门学问，一门艺术。

我今年给"新教育"的同人写过一封新年信,题目是"让教育沐浴人性的光辉",从三个方面对教师的工作提出了建议。我也把这三条建议送给这套丛书的作者和读者朋友。

一是要善待我们自己。要珍惜时间,张弛有度,让人生丰盈;发现教师职业魅力,做一个善于享受教育生活的人,培养健康的爱好,做一个有生活情趣的人;与学生一起成长,做一个在教育过程中不断进取的人;不断挑战自我的最高峰,做一个创造自己生命传奇的人。

二是要善待学生。要把学生作为一个真正的人看待,让学生能够张扬自己的个性,发挥自己的潜能,成为更好的自己。在我们教室里的学生,首先是活生生的生命。我们应该从生命的角度考虑,首先是如何帮助他成为一个人,一个有理想、有激情、有智慧的人,一个能够适应社会并且受人欢迎的人,一个挖掘自身潜能、张扬不同个性的人。

三是要把教育的温暖传递给社会。许多问题,归根结底是教育的问题。尽管我们任何一个人,作为个体的力量都是有限的,但是,再渺小的个体,也能够温暖身边的人。所以,我们要让所有和我们相遇的人,都能够感受到我们的美好和温暖,这也是让人与人之间,让全社会变得更美好、更温暖的有效方式。

有人性的人是明亮的,有人性的教育是光明的。让教育沐浴人性的光辉,我们的今天将会更加幸福,我们的明天将会更加美好,我们的世界将会因此璀璨。

是以为序。

朱永新

2020 年 5 月 1 日

(朱永新,全国政协常委、副秘书长,民进中央副主席,中国教育和社会发展研究院副院长,苏州大学教授、博士生导师,新教育实验发起人)

校长的气质

认识仇玉玲校长是在 2010 年金陵中学河西分校为创建小学部公开招聘骨干教师的时候，她能在面试中胜出，与她身上透出的"文、雅、序、活"的气质不无关系。这也是我对她的第一印象。金陵中学河西分校宣传画册封底印有八个字，上面四个字"诚、真、勤、仁"是金陵中学校训；下面四个字"健、雅、序、活"是河西分校现在的校风，之前的表述是"文、雅、序、活"。而仇玉玲校长的气质与之完全契合，因此，她正是学校要找的人。

十余年来，无论在金陵中学河西分校小学部，还是后来在陶行知小学和现今担任校长的致远外国语小学分校，她的这种"文、雅、序、活"的气质都很好地体现在学校工作和为人处世当中：文静、内秀；认真、踏实；不计名利、讲究规则；精进专业、崇真向美。在师生中、朋友间都留有很好的口碑。

仇玉玲校长让我印象深刻的还有一点，她很早就担任学校的管理工作直至成为校长，同时一直没有脱离教学第一线，一直坚持自己本专业的教学研究并有所成就，这是我非常看重和欣赏的。所以，当仇玉玲校长提出要我为她的专著《汉字探秘：写给孩子的 72 堂文化寻根课》作序，我是非常乐意接受的。

我第一次接触该书的相关内容，是 2018 年 4 月在郑州艾瑞德国际学校的一次交流活动中，当时仇玉玲校长为该校三年级的学生上了一节公开课。这是一节形式和内容都很新颖的识字教学课，一改传统识字课堂上的教学

定位，不满足于"会读，会用，会写，写得好看"，取而代之的是用谜语导入、层层递进，一个字连着一个字，一个故事跟着一个故事。同学们在小组合作中，分享有理有据的猜字经验，并将初始的通过分析字源猜字的经验逐步演变成越来越成熟的识字规律，充分体现了这节课的标题——《走进有趣的汉字世界》。

课后，我看到了该校的语文教师在自己的微信公众号上如此评价这节课："孩子们从简单的象形文字开始猜，越猜越有趣，越猜越想猜，到后来比较复杂的象形文字都能被孩子们一下猜出来。仇玉玲校长在讲的过程中，不仅讲字，更讲字背后的故事，让每个孩子都认真地陶醉于其中。""这节课是从一个谜语导入的，整节课围绕'人'字层层递进，幽默、生动、深入浅出。一字一乾坤，一字一故事，语文教学应当从字源入手，打通古今，触类旁通。这节课，不仅仅锻炼了孩子们的专注力，打开孩子们对中国汉字了解的通道，还让我们感受到中国汉字的博大精深，让我们深刻领悟到精彩的课堂缘于教师的专业高度。老师的高度决定了学生的高度。""一节汉字文化课。春风化细雨，滋滋润眼帘。仇玉玲老师点燃了学生识字的兴趣。一则故事引出一个谜底，一个谜底引发一串文字的故事，一个个文字故事引动了学生学习汉字的活跃思维。""语文学习中识字始终是一个重点，通过认识一个字就能把学生学习语文的活跃思维和传承汉语文化的意识建立和提高起来。所以，关于汉字的教学切不可草草了之。要把中国文化的元素植根在语文学习中，识字的教学研究是最好的一扇大门。"

这节课当时给我的思维冲击是，没想到语文识字教学课竟然可以上得如此雅致、灵活、生动、有趣；没想到语文识字教学课竟然可以"让每个孩子都认真地陶醉于其中"；没想到语文识字教学课竟然可以用"一个个文字故事引动了学生学习汉字的活跃思维"。之后，我知道仇玉玲校长对汉字文化的研究起步很早，这也许与她文静的性格、优雅的气质有关。静得下心，沉得住气，才能在数千年中国汉字文化的长河中徜徉，以领略它的博大精深、源远流长，感受它的连绵之美、骈俪之美，体会它的再生活力和奇特魅力。仇玉玲校长从事小学语文教学三十余年，扎实的汉字文化功底不但让她在识字教学的课堂上得心应手、游刃有余，而且助力她潜心探索小学语文识字教学的规律。2015 年她主持研究的江苏省教育科学"十二五"规划重点自筹课题《基于儿童认知发展的汉字教学模式与价值研究》于 2018 年通过评审顺利结题。通过课题研究，仇玉玲校长和她带领的研究团队不但提升了学校语文课堂教学的绩效与品位，而且发展了学生观察、想象、记忆、思维等认知品质；不但促进了中国汉字文化的传承，而且提高了学校语文一线教师传统文化的素养；不但推进了汉字教学方式的变革，而且加强了学校校本课程的建设。本书就是这一研究课题的延伸产品，它既是仇玉玲校长多年识字教学实践的经验总结，更是她多年潜心研究中国汉字文化的汗水结晶。

全书分为十二章，即"天地""日月""数字""感官""六艺""教育""季节""五行""方位""天干""地支""十二生肖"这十二个专题，涉及科学人文、天文地理、古往今来的方方面面。每个篇章均通过"汉字探秘"、"文化溯源"和"实践运用"三个步骤（"汉字探秘"通过字形演变，寻根识字，揭秘字形背后的秘密；"文化溯源"通过字源本义探寻字义衍生的变化规律，通过故事链接揭秘汉字隐含的文化密码；"实践运用"联结儿童的知识储备和现实生活场景，引导儿童探寻更多的汉字知识和汉字智慧）把读者带入一片深邃、美妙、神奇的文化天地，不但彰显了中国汉字的四声之美、六义之美、传统之美，而且体现出中国汉字文化所创造的世界任何民族都无可望其项背的经典之美，充分说明汉字文化是中国传统文化中最核心的基础与力量。

关于汉字文化与中国传统文化之间的关系，余秋雨先生在《中国文化课》中，回答"中国文化为什么会成为人类各大古文化中唯一的长寿者"这个问题时，分析中国文化长寿原因共有八条，其中原因之三便是"以统

为大"——"从秦始皇、韩非子、李斯这些政治家开始，已经订立种种规范，把统一当作一种无法改变的政治生态和文化生态。其中最重要的规范，就是统一文字"。他认为，统一了文字，中国文化就有了统一的基座，中国社会也就能够实行一整套与统一相关的系统工程，以达到"一匡天下"的目的。

传承中华文化、规范语言文字是小学语文教学义不容辞的责任与担当，2011版新课标还规定"汉字教学的目标不应当仅仅是把汉字当成记录语言的工具来进行读写学习，更重要的是要同时发挥它培养思维能力的功能"。

《汉字探秘：写给孩子的72堂文化寻根课》一书不但让致远外国语小学分校的学生和教师深受中华民族传统文化之国学经典的滋养，而且远渡重洋，为远在美国弗吉利亚州黑堡中文学校的师生送去来自中国的精神大餐。黑堡中文学校的校长告诉我，他们学校如今已经按照该书的体例，每个月给学生上一节汉字文化课，受到全体学生和家长的一致好评，在最近几次的"我最喜欢的课程"问卷调查中，汉字文化课成为最受同学们欢迎的课程之一。

书中所附插图均为在校学生所画，一幅幅充满稚气与智慧的画作，反映了孩子们对汉字文化与生俱有的共情力和令人惊叹的观察力、想象力、创造力、表现力。许多画作都是儿童在接受了汉字文化教育浸染之后，根据汉字的字形字义展开丰富想象，自发进行的第二次象形字创造，很好地体现了汉字的自身特点和文化属性。这些画作之所以能夺人眼球，不是因为孩子们的绘画技艺高超，而是由于孩子们的创造潜能被激活，思维潜能被开发，更重要的是儿童的新型人格会因此而得到培养与完善。进一步细看这些儿童画你会发现，它们不但内容丰富、创意新颖，而且在其构图、线条、色彩之中还似乎透露出些许清新的文学气息，甚至能够看到仇玉玲校长"文、雅、序、活"气质的影子。

《汉字探秘：写给孩子的72堂文化寻根课》为传承中华优秀传统文化

点了一盏灯，开了一扇窗；为改革语文识字教学探了一条路子，创了一种范式。期待本书的第二、第三辑能在不久的将来相继而至，让"文、雅、序、活"之花更加绚丽芬芳。

丁强

（丁强，教授级中学高级教师，享受国务院特殊津贴，原金陵中学校长，南京市基础教育专家。）

目录

第1章　天地篇

第2章　日月篇

第3章　数字篇

汉字探秘 写给孩子的72堂文化寻根课

第 **12** 章　十二生肖篇 十二生肖

第 **1** 章

天地篇

天人合一　汉字寻根

　　"天地人"是世界构成的三大要素，是万事万物的根本。天赋予人"孝悌"的品质，地给人提供衣食，人用礼乐成就自己。三者相互依存，缺一不可，"天人合一"正是中国人心中的至高"大道"。董仲舒在《春秋繁露》中写道："天地人，万物之本也。天生之，地养之，人成之。天生之以孝悌，地养之以衣食，人成之以礼乐，三者相为手足，合以成礼，不可一无也。"

　　古人以"人"的头部或头部以上部位表示"天"；以"土中虫蛇遍野之处"为"地"，以"侧身站立的人形"造字"人"。天大地大人亦大，顶天立地方为人。汉字的奥妙不仅在于字形的妙趣天成，还在于其间蕴含的哲理引人深思。

天

甲骨文中，"人"是侧身而立、躬身劳作的人的形象。"大"是正面直立、张开双臂的人的形象。在"大"的上面加了"一"，为什么就成了汉字"天"呢？

汉字探秘

甲骨文的"天"——下面是一个张臂正立的人的形状，不同的是头部成了一个方框。许慎认为，这个方框表示人的头部或者头顶。"天"的本义是"颠"，即"人的头"。《山海经》中有个英雄名叫"刑天"。传说在一场战争中，他被砍掉了脑袋，失去了头颅。但刑天并没有死，他以乳头为目，以肚脐为口，继续挥舞兵器，与敌作战。"刑天"就是砍掉脑袋的意思，这里的"天"用的就是这个汉字的本义"头"。

文化溯源

随着汉字用法的演变，"天"作为"头颅"的本义几乎不再使用，而通常用来表示人的头部以上的地方，如"天空""天气"等。古代科技不发达，天空中日月星辰神秘莫测，风雨雷电又让人心生恐惧。于是，"天"成了人们心目中至高无上的权威，世间万物的主宰。人们将"天"说成"老天爷""天王老子"。将重大的事说成"天大的事"。一个人做了严重的错事，会被说成"遭天谴""天打五雷轰"。遇到非常困难的事，会用"比登天还难"来形容。"天网恢恢疏而不漏"告诫违法者终将受到法律的制裁。

封建社会臣民尊称帝王为"天子"，认为帝王是上天之子，所有的权力都来自天命，是秉承天意治理天下。这是封建帝王借百姓的迷信心理传递"天命不可违"的封建思想，以便于管理统治。

天体运行刚健不息，运行不已。因此，古人认为君子的处事之道，也应该像天的运行一样，发愤图强，永不懈怠。清华大学校训中的"自强不息"就出自《周易》中的"天行健，君子以自强不息"。意指宇宙不停地运转，地球上的人类也应该像"天"一样，永远不断地前进。

中国人对"天"的崇拜更多地源自流传几千年的远古神话。"盘古开天地"讲述的是大

南京致远外国语小学分校一4班　许沐泽

神盘古用一把斧子凿开了"混沌如鸡子"的宇宙，开辟了天地，化生出万物的神话故事。传说盘古用整个身体创造了美丽的宇宙：他的气息变成了风和云；声音化作了雷声；左眼变成了太阳，右眼变成了月亮；肌肤变成了大地；四肢和躯干变成了大地的四极和五方的名山；血液变成了奔流不息的江河；汗毛变成了茂盛的花草树木；就连汗水都变成了滋润万物的雨露。"女娲补天"讲述的是天空突然塌了一大块，女娲用五彩石冶炼成液体，补好了天上的窟窿。现在我们看到的五彩云霞，传说就是女娲补天的地方。这样的神话故事，口口相传，成了刻在中国人骨子中的文化基因。

中国人对"天"的崇拜，诞生了许多丰富灵动的"天神"形象。四大名著之一《西游记》中就有太上老君、如来佛祖、玉皇大帝、王母娘娘、二郎神、哪吒等各路天神。

实践运用

毛泽东主席在《水调歌头　重上井冈山》一诗中写道："可上九天揽月，可下五洋捉鳖，谈笑凯歌还。世上无难事，只要肯登攀。""九天"之上究竟还有些什么呢？几千年来人类从未停止过探秘宇宙的脚步。你知道"九天"表示什么意思吗？

地

"天地玄黄，宇宙洪荒。"天是青黑色的，地是苍黄色的，宇宙形成于蒙昧之中。如果说汉字"天"源自人的头部，那么汉字"地"从何而来呢？

汉字探秘

从字形上来看，应该是先有"土"，后来才有了"地"这个汉字。最早的汉字"地"见于小篆，写作"坤"，是一个会意字。左边是"土"；右边的"也"古时候和"它"同属一个意思，可以通用，指的是"蛇"。不难想象，远古时代大地上一定是草木丛生，虫蛇遍地。"地"的本义就是指"大地"。后来引申为"地方、地位、领域"等意思。现代汉语中，还常用作助词，读 de，如"冉冉地上升"。

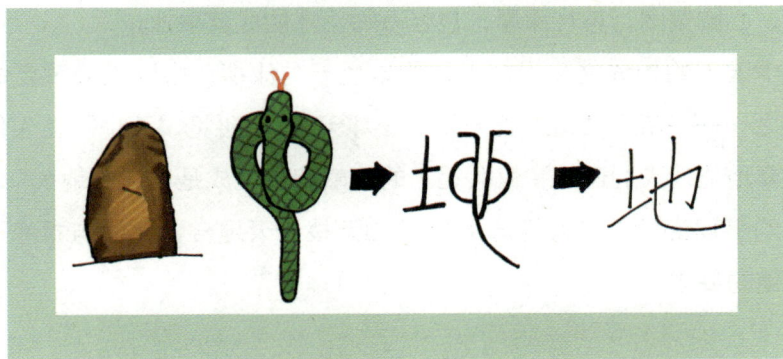

南京致远外国语小学分校一3班　朱虹宁

文化溯源

　　"地"与"天"相对，传说盘古开天地时"轻而清的东西向上升，成了天；重而浊的东西向下沉，成了地"。甲骨文用"坠"表示"重而浊的东西向下沉"，因此有版本认为，"地"的甲骨文就是"坠"。"坠"的本字是"队"（繁体为"隊"），表示重物（豕）从"阜"（高高的地方）落下；后来在下面加上"土"，表示"落到了地上"，现在依然做"坠落在地"讲。

　　地是先民们赖以生存的基础，如同人们的"衣食父母"，她生养万物，是"元气之所生，万物之祖也"，自然赢得人们发自肺腑的赞美与崇敬。土神，在希腊神话中被称为地母。中国神话中，传说周代始祖姜嫄便是地母土神，她生下后稷（被称为谷神）。古时候，几乎每一处都有土地庙。人们供奉土地神，期待五谷丰登、作物丰收。

　　在古代先民看来，天和地相依相对，天为阳，地为阴；乾坤是天地阴阳的象征。葛洪名句"三光垂象者，乾也；厚载无穷者，坤也"，其中"坤"就代表"地"。清华大学校训中的"厚德载物"源自《周易》中"地势坤，君子以厚德载物"。土地厚实和顺，容纳万事万物。君子当效法大地

的德行，心胸宽阔，德行深厚，包容万物，才能成就事业。

在中国人的传统文化中，天地的地位无与比拟。中国人最重要的仪式与礼节之一——新人结婚，首先要"一拜天地"，可见"天地"在人们观念中的重要地位。人们还把"恒久远"的情感期待说成是"天长地久"；把理所当然的事理说成是"天经地义"；"山无棱，天地合，乃敢与君绝"更是惊天动地的誓言。

实践运用

中国有 14 亿人口，56 个民族，"地"大物博，山河壮美。这里的"地"指领地，属地，地区。你知道中国的"地"有多大吗？从根源上探寻，中国历史的发源地主要分为两支：黄河流域和长江流域。黄河代表北方，长江代表南方。你觉得两个地域特征有什么明显的不同吗？

第三讲

人

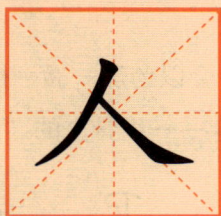

相传古希腊有一个狮身人面的女妖，名叫斯芬克斯。她坐在悬崖上，向过往的行人出一则谜语："什么动物早晨四条腿，中午两条腿，晚上三条腿，腿越多，越无力。"猜不出的人都被女妖吃了。希腊英雄俄狄浦斯路过此地，同样遭到了斯芬克斯的盘问。俄狄浦斯经过思考，大声说出了答案。被猜中了谜底，斯芬克斯羞愧地跳下山崖死了。聪明的你能猜到答案吗？

人在幼时尚不能行走，在地上爬行，不就是"四条腿"吗？人慢慢长大，可以站立、行走，做各种活动，这个时候便是"两条腿"。到了老年，腿脚不灵便，手中多了一根拐杖，可不就是"三条腿"吗？四条腿是一个人最柔弱无力的时候，因此"腿越多，越无力"。所以谜底就是"人"。你猜对了吗？

汉字探秘

今天，我们看到汉字"人"，会以为那一撇一捺便是人的两条腿，真的是这样吗？我们来看看最早的汉字——甲骨文的"人"就一目了然了。

| 甲骨文 | 金文 | 小篆 | 现代楷书 |

甲骨文的"人"是一个侧身站立的人的象形。金文的"人"变化不大，小篆的"人"，侧身站立的形象变成了躬身做事的样子——弯着腰，伸长手臂，似乎正在田地里辛苦劳作。有人说，这分明是秦朝暴政将人的脊背压弯了。隶书的"人"弯腰垂臂的样子已经消失，而成了一撇一捺相互支撑的稳定结构。

人刚出生不久，头大，体弱，不能独立行走。上面一个大大的脑袋，头顶是未闭合的囟门，下面是个"人"，这个"𠒇"字就是"婴儿"的"兒"，后来简写为"儿"。上面一个大大的脑袋，下面是包在襁褓中的身子，中间是伸出的双臂，好似在等着妈妈来抱，这个"𢀕"字就是"孩子"的"子"。婴儿、孩童需要母亲的保护，"保护"的"保"的甲骨文"𠈃"就像一幅生动的图画：一位母亲，伸出手臂，正紧紧抱住自己的孩子。

人慢慢长大，从幼童状态的孩"子"，逐渐长成了顶天立地的"大"丈夫。"大"（大）的本义就是一个张开双臂的成年男子。在古人心目中，能够站立在天地之间的，要么是高大的祭司，要么是威风凛凛的将军，在族人眼中他和天地一样伟大！古时男子成年后要束发，于是头上插了发簪。"夫"

的甲骨文"**大**"就是指头戴发簪可以劳动的成年男人。喂马的人叫马夫，捕鱼的人叫渔夫，赶车的人叫车夫，摇船的人叫船夫。

人到晚年，头发稀疏，需要依靠拐杖生活。人们根据老年人的这些特点，创造了汉字"老"，写作"**考**"，上面是稀疏的头发，中间是弯下的腰背，左侧是拐杖的形状。如果在下面增加一个"子"，写作"**孝**"，子女背负着年迈的老人，就是"孝顺"的"孝"。孟子说"老吾老以及人之老，幼吾幼以及人之幼"，"尊老爱幼"这个传统美德其实就蕴含在"保"和"孝"这样的汉字之中。

智慧的古人还根据"人"的形状造出了一个个有趣的汉字。比如：两个人，一个在前，一个跟在后面，这就是"跟从、听从"的"从"；两个人并肩站立，靠在一起，这就是"比肩而立"的"比"；两个人背靠背站立，就是"败北"的"北"；而一个头朝上，一个头朝下，就是"变化"的"化"。后来，"人"成了偏旁"亻"，凡含有"单人旁"的字都跟"人"有关。

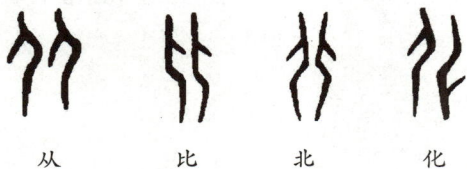

从　　　比　　　北　　　化

文化溯源

人生存于天地之间，要尊重自然，顺应自然。中国传统文化中素来倡导"天人合一"，倡导人与自然和谐相处，对天地与自然怀敬畏虔诚之心。《三字经》中有"三才者，天地人"，天地人包含了宇宙万物，其中人是关

键要素。孟子认为，古人行军打仗，"天时不如地利，地利不如人和"，人和是作战成功的关键因素。我们现在常说的"以人为本"，就是把"人"（人的利益、人的幸福）作为一切工作的出发点和落脚点。

从古至今，中国文化中极其重视"做人"。有人说，中国文化就是做人的文化。做事之前先学做人，人做好了，事情自然能做好；不会做人，事情也一定不能做好。

"百善孝为先"说的是要做一个孝顺之人；"与人为善"是说要做一个善良的人；"海纳百川，有容乃大"告诉我们要做宽容之人；"人无信不立"是说要做诚信之人；"人生不如意十之八九"告诉我们要做豁达之人；陶行知先生说"千学万学，学做真人"，希望我们做真实、真诚之人，不伪善，不做作，不弄虚作假，不故弄玄虚。

南京致远外国语小学分校一4班　季雅雯

实践运用

"人"是最简单的汉字，"人"又是最复杂最鲜活的生命。我们不仅要了解有关"人"的汉字知识，更要习得中国文化中的做"人"之道。老子在《道德经》中说："生而为人，你且修身，你且渡人，你且如水，居恶渊而为善，无尤也。"这句话想要告诫我们怎样的为人之道呢？

第 **2** 章

日月篇

日月盈仄　汉字寻根

　　"天地玄黄，宇宙洪荒。日月盈仄，辰宿列张"。茫茫宇宙中，时常可见日西斜，月盈亏，星辰闪烁，列满天空。"日月星辰"体现远古人类征服神秘天体的愿望，也是远古先民仰望星空的精神指引。"三光者，日月星。"《三字经》认为，太阳、月亮、星星合称为"三光"。

　　"日""月"为象形字，"星"是会意字。"日"中有"黑点"，表示"日"为发光的天体。"月"，以"一弯新月"中有朦胧黑影为形，表示"月"盈少亏多的特点。"星"，古人以为天上星星就像草木一样"生"长出来，且越生越多，因此以多颗小星星加上表示植物生长的"生"，来表示生生不息的天上繁星。"日月星"都是人类在日常生活中长期观察之后创造出的汉字，从中可以窥见远古先民们的生活场景和造字智慧。

第四讲

日

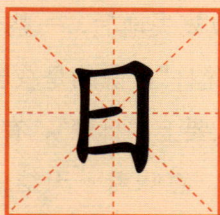

王维的诗句"大漠孤烟直，长河落日圆"，被称为塞外风光"千古奇观"。也许远古先民正是根据日常生活所见"落日圆"的景象，创造了"日"这个汉字。

汉字探秘

"日"是一个典型的象形字，描画的就是"太阳"的形状。甲骨文的"日"，写作"⊟"，外面的框不是很圆，应该是龟甲之上不易雕刻，因此刻成了多边形，中间加一个黑点，表示太阳发出的光亮。由此可知，"日"的本义就是指天上那个最大的、可以发光的球体——太阳。到了金文，才有了外圈圆圆的"日"，写作"⊙"。后来为了书写方便，圆形又写成了方框形，里面的黑点也以一横来代替，就成了现在常见的写法"日"。

太阳出来，意味着白天开始。因此"日"引申为"白昼、白天"，与"黑夜"相对。杜甫在《闻官军收河南河北》一诗中，有"白日放歌须纵酒"一句，说的是诗人听闻朝廷官军收复失地后，一整个白天都在欣喜若狂地开怀畅饮、放声歌唱。又如"夜以继日"，说的是夜晚连着白天，日夜不停地工作。根据工作性质的不同，有人要上"日班"，有人要上"夜班"。

太阳从早上出来到晚上落山，意味着一天结束。因此"日"又引申为"一天"，也成了计量时间的单位，如"一日不见，如隔三秋"。后又引申为"每日"，如"吾日三省吾身""日日思君君不见"等。"纪念日"表示特殊的某一天。"工作日"中的"日"是计量工作时间的单位，一般以八小时为一个工作日。

很多与"日"相关的汉字的构造，源自古人细致入微的观察。清晨，太阳从地平线上冉冉升起，崭新的一天正式开始。汉字"旦"就是一幅非常形象的"日出图"，上面是"太阳"，下面是"地面"。"旦"的本义是天亮，早晨。《木兰辞》中"旦辞爷娘去，暮宿黄河边"，以及"枕戈待旦""旦夕祸福"等词句中的"旦"都是"早晨"的意思。"元旦"指初始的日子，我国以公历1月1日为元旦，又称"阳历新年"。又如，古人见"日在草木之上"，便创造出汉字"杲"，光明的意思。而"日在草木下"，便是"杳"，幽暗、遥远的意思。"日在草木中，月尚未落"正是"朝"的原形及本义，表示早晨的景象。而"上下

南京致远外国语小学分校一3班　单颂皓

草木，日落其中"，便是"莫"（"暮"的本字），与"朝"相对，表示黄昏时分。

文化溯源

世界各国都有着太阳神的传说。中国神话中，最为著名的要数"夸父逐日"与"后羿射日"。

巨人夸父，力大无穷，意志坚定。某一年，太阳火热地炙烤大地，天大旱，人们实在无法生活。于是夸父迈开大步，开始逐日，想要把祸害人类的太阳给摘下来。尽管最后，夸父干渴而死，但这种不甘屈服的精神却世代相传，几千年不死。

同样是骄阳似火，英雄后羿见天上本该轮流值守的十颗太阳不守规则，竟然同时出来作恶，致使江河干涸、大地干裂。于是拉弓搭箭，一口气射下了九个太阳，制服了高高在上、为所欲为的太阳。远古先民用这样的神话告诉后人"人定胜天"的道理，告诉我们敢于抗争，不服输、不屈服，才是我们这个民族的精神力量。

实践运用

"日"是光明的象征。人们用天上没有太阳（"暗无天日"），来形容社会一片黑暗。用太阳正在天顶（"如日中天"），来比喻事物正处于兴盛的阶段。用"如日方升"比喻一个人光明的前程刚刚开始。以"日"来喻人喻事的成语还有很多，你还能找出几个来吗？

与"日"有关的汉字还有很多，如"昔""昧""冥"等，你能通过自己的研究探寻到它们的本义吗？

月

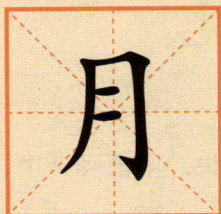

相对于灼热的太阳，中国人似乎更喜欢柔美的月亮。唐宋时期，随着诗词的发展，古人借月抒怀，对"月"的崇拜更是达到顶峰。

汉字探秘

月有阴晴圆缺，因为月亮圆的时候少，缺的时候多，于是古人以"缺月"为形，创造了甲骨文"月"，写作"𝐃"，字形酷似一弯新月。只有满月时，月亮才显露出它整体的圆形，大多数时间都是不完满的形状，因此人们以这种半圆形的"月"来造字。月亮盈亏变化的一个周期就是"一个月"，"月"也成了计量时间的单位。

在甲骨文和金文中，"月"与"夕"同形通用。后来，为了区别，在"月"的中间加上点（𝐃），表示有月光；"夕"𝐃的中间没有，表示月亮刚升起来，还不是很亮。古人认为，太阳落山之后，月亮升上天空，这段时间就是"夕"。"夕阳西下"，就是此时的太阳已经西斜并逐渐消失。后来引申为整个夜晚，叫"今夕"；还表示一年的结束，如"除夕"。

　　和"月"相关的汉字有很多。如"明"，一看字形就能知其字义，"日月为明"，这是典型的会意字。如"朝"（zhāo），表示的是"日已升草木中，月尚未完全落下"的"早晨"的景象。一个月分为四个时段，初一为"朔"，十五为"望"，初七初八时现"上弦月"称为"弦"，二十二、三为"下弦月"，称为"晦"。"朔"最早见于小篆，左边是"逆"的甲骨文，表示此时不能见到月中光亮的部分。"望"的甲骨文写作 𐎘，金文中加上了"月"，更形象地表达了每月十五人们"遥望圆月"的本义。"望"的左上方并非"亡"，而是"臣"，"臣"的本义是瞪大眼睛，眼球突出的形象；下面也不是表示声符的"王"，而是"壬"（"停"的古文字）。"望"字非常形象地表现出人们在月圆之夜站立在大地，睁大好奇的眼睛打量着天上一轮圆月的场景。一个"望"字展现的竟是完整的"举头望明月"的画面，实在是太神奇了！

　　汉字体系中，很多汉字中都有"月"的身影，有趣的是，你见到的很多"月"，并非三光之"月"，而是"肉"，俗称"肉月"旁。如"肩膀""肠胃"等词中的"月"，其实都是"肉"（古时"肉月"之"月"中"二"画连通左右即"月"）。

文化溯源

　　嫦娥奔月是中国人耳熟能详的神话传说，满足了人们对月亮的无限遐想。人们想象着广寒宫中，玉兔在捣药，吴刚在伐桂，美丽的嫦娥仙子在寂寞中悔叹。"嫦娥应悔偷灵药，碧海青天夜夜心。"唐代诗人李商隐的诗句表现的是嫦娥仙子孤寂的月宫生活。

　　期待如十五的月亮一般团团圆圆，是中国人对幸福美满生活的永恒追

求。人们常望月怀人，因为共享同一轮明月，即使远隔千里，精神上也长久相依。"但愿人长久，千里共婵娟。"苏轼佳句流传千古，至今读来，依然能引起强烈的共鸣。

南京致远外国语小学分校一1班　顾若曦

一轮明月承载着中国人浓浓的中国情，唐诗宋词将人们对"月"的向往崇拜抒写得淋漓尽致。既有"举头望明月，低头思故乡"的思恋，又有"小时不识月，呼作白玉盘"的童真；有"海上生明月，天涯共此时"的祝福，又有"举杯邀明月，对影成三人"的孤单——可谓"年年岁岁月相似，岁岁年年人不同"。一轮明月，无限遐思。这是中国人的浪漫，也是中国人的情结。

实践运用

　　月亮上到底有什么？真的有嫦娥、吴刚和玉兔吗？月亮到底有多亮？它的亮光从何而来？月亮离我们有多远？——人类的探月行动从来没有停止过。随着汉字的研究，你也可以开启你的汉字"探月行动"，找一找有"月"做偏旁的汉字，如"朗、朋、朕"等，去研究研究它们和"月"之间是否有着某种关联。

星

"天上星，亮晶晶"，遥想远古先民坐在土堆之上，躺在草丛之中，遥望神秘莫测的星空，他们会如何表现夜空中那一闪一闪的小星体呢？

汉字探秘

"星"是一个会意字，甲骨文中的"星"写作"🔲"，后来简化为"🔲"。最早人们用五个小小的圆圈（或者小方块），表示夜空中繁多的星星，中间是表示"植物嫩芽长出地面"的"生"。古人发现，夜空中时而繁星点点，时而月明星稀，时而明亮，时而暗淡，有时候还有流星坠落，认为这些星星一定也像植物那样是能够不断生长的。所以，以"星星如万物一般生长"来会意。

金文的"星"写作"🔲"，有人不明白上面为什么是三个"日"，其实

这里并非指三个太阳，而是指发亮的天体"星星"。古人以"三"表示数量众多，因此上面的五颗星就简化成了三颗星，再后来，三个"日"又简化成了一个"日"，最后成了字形"星"。这也体现了中国文字发展过程中不断简化的特点。

| 甲骨文 | 金文 | 小篆 | 楷书（古文） | 楷体 |

汉字"星"的演变过程

其实，"晶"才是天空中星星的象形，这里三个"日"不是指太阳，而是说天空中一闪一闪的星星有很多。古人原本是以"晶"来表示夜空中圆形的发亮的星体。后来"晶"被引申为"光亮"的意思，如"亮晶晶""晶莹剔透"。所以才另造了汉字"星"。也可以说，"晶"和"星"本是一个字，后来在表意上做了重新的分化，这在汉字体系中十分常见。

古人创造的汉字"星"，包含现代所见的"恒星、行星、流星、彗星"等；后来也表示微小的事物，如"唾沫星子"；因为星星在空中闪闪发光，很是耀眼，因此后来也形容在某一领域做出特殊贡献的人或者有特殊才能的人，如"影星、歌星、球星、明星"等。当然，因为彗星很像扫帚，古人认为预示灾祸，人们就把给他人带来灾祸的人叫作"灾星""扫把星"；又如有些星星指明方向，人们就把能救大家于水火的人叫作"大救星"。

文化溯源

古时候科技不发达，只能借观天象来推算农时，预测天气。天上的星星究竟隐藏着怎样的秘密呢？经过长时间的观察研究，人们发现天上有五颗行星。《史记》中有"天有五星，地有五行"的记载。所谓"五星"指的是水星、金星、火星、木星、土星这五颗行星。其中，金星又称明星，是除太阳和月亮之外最亮的天体。它黎明时分在东方，叫启明星；黄昏时分在西方，叫长庚星。木星又名岁星，甲骨文的"岁"就是指"岁星"，木星每十二年绕天一周。水星又名辰星，离太阳最近。火星因为红光荧荧似火，且在天上的运动时而东向西，时而西向东，很是迷惑人，因此火星又名荧惑。土星又名镇星，因为它每28年绕天一周，每年进入二十八星宿中的一宿，因此被称为"岁镇一宿"，好像每年轮流镇着二十八宿一样，因此被称为"镇星"。

有人会问，会不会有一天五颗行星运行到同一个星区，在同一条直线上呢？据史书记载，这种天象奇观叫"五星齐聚"，又称为"五星连珠"。史书记载，大概出现过八次。据说每次出现这种天象，都预示着天下将有大事发生。

南京致远外国语小学分校一1班　席文

实践运用

　　在人类发展很长的一段时间，人与星辰关系亲密，相处和谐。天上的星辰指引着人们日出而作，日落而息，春生夏长，秋收冬藏。这段古老而规律的生活，可谓实现了"天人合一"的佳境。现代人对浩瀚星空有着怎样的想象呢？被称为"中国当代科幻第一人"的刘慈欣，写了一部宏伟巨著《三体》，赶快去读一读吧。

第 **3** 章

数字篇

数字文化　寻根探秘

　　"一而十，十而百，百而千，千而万。"为学正是从"知某数"开始，从一到十，十个十为百，十个百为千，十个千为万。古人在创造这些表示数量的汉字时，或以物象形，或巧借他物，逐渐成形。这些汉字不仅用于生活中的计数，还承载中国人的独特思维和悠久文化。

　　从手指的象形开始，到算筹的摆弄组合，成为一到十的主要造字源头。后来创造了"百千万"等字："一白为百"，"十人为千"，"万"本是一只蝎子，假借为"万"。

第七讲

一 而 十

"一去二三里，烟村四五家，亭台六七座，八九十枝花。"这首有名的山村咏怀诗巧妙地将十个数字嵌入其间，读来形象生动，妙趣横生。汉字中的"一二三四五六七八九十"是如何诞生的呢？

汉字探秘

你是否觉得，"一二三"很像我们伸出的手指？没错，表示数字最简单的方法就是用手指。正如郭沫若先生所说："数生于手，古文'一二三四'作'一二三三'，此手指之象形也。"所以，汉字"一"就是一根手指的象形，"二"是两根手指的象形，"三"也就是三根手指的形状。

那么"四"呢？其实，最初"四"还真是用四根手指"三"来表示。到了春秋时期，也许人们觉得四横画起来太麻烦了，就用"五指卷曲，大

拇指藏于四指之内，拳头伸出面对他人时的图像"（引自《唐汉图解汉字》）来表示"四"，即" "。伸出你的拳头看一看，外部轮廓是不是很像汉字"四"外面的方框，中间弯曲的中指和无名指就是"四"中间的两笔。于是金文的"三"就成了"四"。

也有人说，"四"是从鼻孔里流出鼻涕的象形，最早的"四"本义应该是"泗"（鼻涕）。"四"被借用来表示数字之后，人们便加了个"氵"旁，用"泗"来表示鼻涕。成语"涕泗横流"就是眼泪鼻涕一起流，其中"涕"是眼泪，"泗"表示鼻涕。

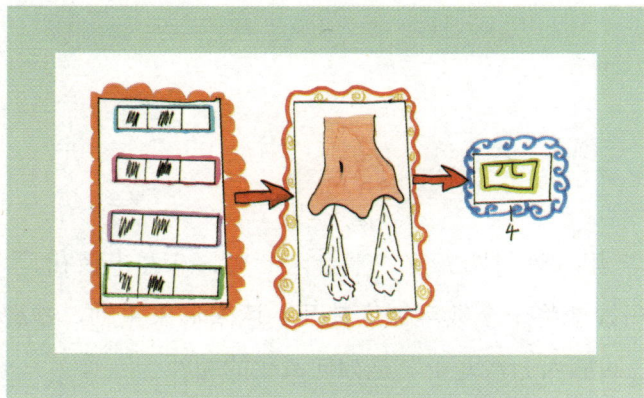

南京致远外国语小学分校一3班　李欣泽

还有观点认为，"一二三四"最早是古代计数或谋事的小竹片，这种小竹片叫作"筹"。成语"运筹帷幄"讲的就是古代将军打仗前坐在军帐之中，拿着算筹在谋划，根据双方优劣势对比，最后制定出作战策略和战术，从而指挥作战。如果只比对方"略胜一筹"，那就要慎重；如果"胜他两筹"就可以开战了。"一二三四"就是一二三四根算筹摆在面前的形状。

从"五"开始，人们开始用两根算筹进行不同的组合：两根交叉表示"五"，顶端相碰表示"六"，十字交叉表示"七"，分开算筹表示"八"。九怎么表示呢？聪明的古人将算筹折弯，用两个弯的算筹交叉表示"九"。逢

"十"须进一，古人就用一根竖立的算筹来表示"十"。

汉字"五六七八九十"，最早的造型便是这样的：

$$\text{X } \wedge + \text{ || 2 |}$$

五　　六　　七　　八　　九　　十

最早的"一"是一横，"十"是一竖。人们发现如果歪着看很容易混淆，于是给表示"十"的"｜"中间加了个点，这个点越加越长，就成了"十"。人们又发现，"十"和"七"的交叉一样，于是给"七"的十字交叉下面加了个弯，就成了现在的"七"，这样"七"和"十"就不会混淆了。"五、六、八"三个数字都是两根算筹正交叉，还是容易混淆，于是在"五"的上下各加了一横，变成"X"，就成了现在的"五"；在"∧"的下面加了两小笔，变成"∧"，后来演变成现在的"六"。"八"依然保留了分开的模样并一直使用到现在。

这就是"一二三四五六七八九十"这十个汉字的由来。是不是很有趣？

一　　二　　三　　四　　五　　六　　七　　八　　九　　十

文化溯源

中国人对数字情有独钟。"心中有数""不计其数""说话不算数"等常用的说法中都可见对数字的偏好。在中国文化中，很多数字都被赋予丰富的含义。

比如"一"。清朝诗人陈沆写过一首有趣的《一字诗》："一帆一桨一渔舟，一个渔翁一钓钩。一俯一仰一场笑，一江明月一江秋。"这首诗中连用十个"一"，画面动静相宜，场景错落有致，字词含义丰富，每个"一"都

呈现出鲜明独特的形象。在古人心中，"一生二，二生三，三生万物"，"一"被视为宇宙万物之始。

比如"三"。人们常用"事不过三"表示做人做事要有限度。一次是偶然，两次是失误，三次就是不可原谅的错误了。"三"还表示多数、多次，如"三思而行""三令五申"等。

比如"六"。"六"被古人认为是个吉祥的数字，直到现在，人们仍然用"六六大顺"表示事事顺利。

而"九"是单数中最大的数字，因此"九"常表示最大、最多。如"九牛一毛""九死一生"中的"九"；古代"九"还在《周易》卦画中用于代表阳爻，当作为阳爻的"九"在乾卦中处于"五"这一既属阳位又为上卦之中的尊位时被断为"飞龙在天"，后因以"九五"指帝位，而帝王被称为"九五之尊"。

最后说说"十"。中国文化中满十意味着"全"，人们最喜欢讲"十全十美"，这既体现了中国人孜孜以求的圆满之美，也体现了人们对于万事万物完美圆满的期待。当"十"成了部首，常表示"多、大"等意思。"深厚博大"的"博"，表示多人出力的"协"，百草的总称"卉"等汉字都是"十"字旁。

实践运用

十个数字在一起，还构成了很多成语、俗语，如一心二用、三心二意、五湖四海、五颜六色、七上八下、四通八达、八九不离十等。如果有兴趣，你还可以找到很多像这样同时带有几个数字的成语呢。

对了，这十个数字还会变身呢！你们有没有发现，银行记账的时候，我们看到的十个数字被写成了"壹贰叁肆伍陆柒捌玖拾"，这是什么原因呢？它们为什么会这么表示呢？聪明的你能猜到其中的原因吗？

十　百　千

古人创造了"一"到"十",如何表示"二十、三十、四十、十个十"等概念呢?

汉字探秘

上一讲我们知道,古人用一根竖立的手指表示"十",那么两竖就表示"二十",古人据此造出了汉字"廿"(niàn)。你看,这个字像不像两个"十"并列在一起的样子?扬州有座有名的"廿四桥",就是人们俗称的"二十四桥"。杜牧的诗句"二十四桥明月夜,玉人何处教吹箫"讲述的就是这座廿四桥。

按照这样的造字法,人们又造出一个表示"三十"的汉字"卅"(sà)。中国近代史上有名的"五卅血案"(也称五·卅惨案)就是 1925 年 5 月 30

日在上海发生的一桩惨案。那天，英国巡捕开枪射击为学生请命的游行群众，当场打死十三人，重伤数十人，逮捕一百五十余人，造成震惊中外的五卅惨案。

据此造字法，人们还用"卌"（xì）形象地表示出数字四十的意思。

"廿（二十）""卅（三十）""卌（四十）"等都是古汉语中数字的并写方式，现在已很少见，只在特定的事件上使用。

十个十为百。"百"是如何创造出来的呢？流沙河先生认为，先有"白"字，后来才造了"百"，专指数量，即"一＋白"为"百"。有人说，"百"上的"一"表示一个"白"，就是"百"，两个"一"就是两百，三个"一"就是三百。两百和三百在甲骨文中分别写作"⟰"和"⟰"。也有人说"白"的甲骨文是拇指的形状。十指之中，拇指最壮，数字数到十个"十"自然是最壮了，便用表示拇指的"白"来表示"百"。还有人说"白"的甲骨文就是一粒白米，"白"就是表示白米一样的颜色，在"百"这个汉字中，

南京致远外国语小学分校一2班　沈梦彦

"白"表示读音，仅此而已。这些解释各有各的道理。我们也可以简单地认为，"百"就是一个表示数量的词，和"白"读音相近，把它当作形声字去认识就行。

甲骨文	金文	小篆	康熙字	楷体

十个百为千。"千"的造字很特别。甲骨文的"千"写作"𠂤"，很像一个站立的人形，只是腿部加上的一横让人百思不得其解。插上想象的翅膀，有人说这是以"人的腿毛"之多来表示数量之大的"千"。也有人说，"千"是会意字，"从十，从人"，一个人的生命以百岁为限，十个百便是"千"。

甲骨文中，表示数量两千、三千、四千、五千的写法都很有意思，分别在"千"的字形基础上发生改变。"两千"就在"千"的人形的腿部加上两横，"三千""四千""五千"依次增加，很是形象，分别写作"𠂤""𠂤""𠂤""𠂤"。"八千"则在"千"字形的上面加上汉字"八"，写作"𠂤"。

文化溯源

正如"百"的本义是指十个"十"，即数字一百，"千"的本义就是指十个"百"，即数字一千。后来也常用"百""千"形容数量多。如"百发百中""千方百计""千疮百孔""一诺千金""千钧一发"等。

"一年树谷，十年树木，百年树人"，意思是谷子一年能丰收，大树十年才长成，而培养人才是长久之计，百年大计。

"百尺竿头，更进一步"，形容学问、成绩等已经达到了很好的程度，但还需要继续努力，争取取得更大的进步。

"千里之行，始于足下"，意思是走一千里路，是从脚下第一步开始的。比喻事情是从头做起，逐步进行的。

实践运用

表示数量较多的"廿""卅""卌""百""千"等在字形上都很形象有趣，有的望"形"即可知其义，有的则让人百思而不得其解。和所有汉字的发展一样，数字汉字的发展史何尝不是古代劳动人民的智慧成长史。你还发现生活中有哪些表现数字的特殊方法吗？

第九讲

千 而 万

甲骨文中用一个字来表示的最大的数是"三万"。古人如何表示"万"这个概念呢？

"十而千，千而万"，十个千为万。今天我们常见的汉字"万"是简化字，繁体字的"萬"更能帮助我们看清它的本义。

汉字探秘

仔细看甲骨文的"萬"，你会发现它竟然是一只蝎子的象形：上面是高高举起的两只大螯，中间是身体，下面是翘起的弯曲而尖锐的尾刺。

据说人一旦被蝎子的毒刺所伤，会有灼伤一样的疼痛，若被毒性较强的蝎子刺伤，甚至会危及生命。我们常见的成语"毒如蛇蝎""蛇蝎心肠"就是说有的人心肠歹毒，如蛇蝎一般。

古人为什么会借"蝎子"来表示数字"万"呢？据说，远古时代蝎子非常多，尤其在繁衍后代的时候，更是成百上千只聚集在一起。因此，人们借用"蝎子"来表示数量之多。

小篆以后，"蝎子"上面的螯肢讹变为"艹"，身体讹变为"田"，尾巴与刺则变为"厶"（三角形）了。现在，则以简化字"万"完全取代了繁体字的"萬"。

萬　万

甲骨文　　金文　　小篆　　繁体字　　楷体

"萬"被借用来表示数字，人们便重新造了一个形声字"蠍"（"蝎"）来表示蝎子。还用"虿"（chài）字来表示蝎子一类的毒虫。"厉害"的"厉"下面为什么也有个"万"呢？你想，"厂（房檐）"下有"万（蝎子）"是不是一件很让人害怕的事情？原来"厉"的本义也跟蝎子有点关系呢。

现在的"万"全然没有了"蝎子"的意思。即便是在有据可考的甲骨文中，"萬"基本上都是作为数量在运用。"万"是中国传统计数中最大的数量单位，如"四万万同胞"。而"亿"等字是后来才造出来的表示数量的字。据说，在全世界范围内，古代社会只有印第安人和中国人达到以"万"为数的单位（引自《唐汉解字》）。甲骨文中用一个字来表示的最大的数是"三万"。古人就在蝎子尾部加上三横，写作"   "，以表示数字"三万"。

文化溯源

除了数量中具体指"千"的十倍外，"万"在古今很多词语中都表示

"很多"的意思。如万水千山、千军万马、千秋万代、万象更新，等等。彭德怀给毛主席写过一封八万字的信，后被称作"万言书"。有一种植物四季常青，人们叫它"万年青"；在"万不得已""万没想到""万全之策"等词语中，"万"是个副词，表示"程度很深"。

"烽火连三月，家书抵万金"中，一封家书，抵得上万两黄金。杜甫以"万金"之巨反衬国破家亡之时一封家书的珍贵。

"两岸猿声啼不住，轻舟已过万重山"中，归心似箭，轻舟快捷，来不及细听两岸猿啼，船已日行千里，山过万重。李白以越过"万重山"突出心情的激动、愉悦。

"书万卷，笔如神"启迪我们只有大量阅读，广博地吸纳，才能让我们笔下生花，妙手著文章。

最经典的莫过于柳宗元的"千山鸟飞绝，万径人踪灭。孤舟蓑笠翁，独钓寒江雪"。一曲《江雪》借冰雪覆盖的千山、万径上"鸟飞绝""人踪灭"，让诗人的"千万孤独"跃然纸上，动人心魄。

南京致远外国语小学分校一 2 班　占斯年

实践运用

　　本章汉字文化课，我们讲述了古代人民用来计量的汉字，从"一到九"，"十百千"，到本讲的"万"，古人将无法象形表达的数字，通过假借、引申等方法，创造出表示数量的汉字，让我们不能不为古人的智慧所惊叹。中国人心中的数字不仅用于计数，还常包含着很多深刻的文化意义。你可以好好做一回数字中的汉字文化研究员，去领略数字文化的博大精深。

第 **4** 章

感官篇

五官感知　寻根探秘

　　人们常说的"五官"，一般指的就是"耳、目、口、鼻、舌"五种面部器官。中医说的五官和字典中说的五官又有不同，这里我们说的五官是"眼、耳、口、鼻、舌"。五官影响人的面部容貌，更是我们用来感知世界、认识世界的窗口。

　　五官中的这几个字都是象形字。"目"本是一只眼睛的象形，不仅表示眼睛，还有看的意思，在不同的词语中，表示看的情形也不同。"耳"的本义是指耳朵，后来也指像耳朵的东西，耳聪目明之人为学识渊博之人。"目"和"耳"关系密切，人们说"眼见为实，耳听为虚"。两个字组合在一起成为"耳目"又有怎样的意思呢？甲骨文的"鼻"字，后来竟然演变成了"自"，只得又造了个"鼻"来表示"自"的本义。"舌"，与说话有关，它有时柔软，有时锋利如刃，它也是重要的味觉器官。"身"的本义表示有孕在身。"心"的本义是人体的心脏，后来又有了"中心"的意思……汉字在演变的过程中，被赋予更加丰富的含义，变得更有意思。

第十讲

人用五官感知世界，视觉靠目，听觉凭耳，嗅觉靠鼻子，味觉靠舌头，触觉依赖身体的各个部位，大脑是一切感官的中枢。眼睛是心灵的窗户，透过这扇窗，不仅可以看到世界的美好，也能看到人真实而丰富的内心世界。

汉字探秘

"目"本是一只眼睛的象形，甲骨文的"目"写作"◁⊙▷"，外面的轮廓像眼眶，里面的笔画像是瞳孔。金文的"目"写作"𠃊"，将眼睛的形状竖立了起来。小篆的时候，里面的瞳孔成了线条，写作"目"，后逐渐演变成现在的"目"。先秦时期，多用"目"，两汉以后多用"眼"，而"目"则成了书面语。"目"的本义就是"眼睛"。"目不转睛"指眼睛注视不动，形容学

习、做事时注意力高度集中。"目空一切"指狂妄自大，目中无人，蔑视一切的样子。古代大学问家荀子说"目不能两视而明"，告诫我们学习时要专注，眼睛不能同时看两样东西。

人们用眼睛看世界，因此"目"也有了"看"的意思，如"一目了然"就是一眼就能看得很清楚。眼睛外面有眼眶，人们就把带有外框的孔状物叫作"目"。渔网上的网眼也叫作"目"。成语"纲举目张"意思是提起渔网上的大绳子来，一个个网眼就都张开了；比喻文章条理分明，也指抓住事物的关键就能带动其他问题的解决。为了让眼睛看得更清楚，人们把没有条理的事物整理出来，按照一定的顺序进行排列，就叫"条目""目录""书目""节目""题目"等。有些事物眼睛能看到却不能达到，有些事物眼睛看不到需要努力才能达到，人们把需要努力才能达到的地方称为"目的地"，把需要努力达到的标准称为"目标"。

人在低着头的时候，眼睛是竖立的。古人便用竖立的眼睛的形状造了"臣"这个字写作"𦣞"，来代表"奴隶、奴仆、臣子"，汉字"臣"形象地表现了奴仆在主人面前不敢抬头、垂头顺目的样子。"臣服"就是屈服称臣，接受管理与统治。"卧"左边是"臣（眼睛竖立的形状）"，右边是"人"，写作"𠂤人"，表示一个人伏在几案上闭目休息的样子。"卧底"就是埋伏下来充当内应。

一个人睁大眼睛看着前面，表示看见。汉字"见"甲骨文作"𧢲"，是一个人的形状，上面是突出的眼睛。"见"的繁体字"見"非常清楚，上面是个"目"，下面是"人"的变形。一个人眼睛因病无法看见，就是"盲"。"亡"有丢失的意思，"目"＋"亡"即表示眼睛失明，看不见的意思。

象形字中常用典型部位代表整个物件，眼睛无疑是头部、面部最典型的器官，因此"面""首""页""眉"等字中都有"目"。

"目"部的汉字多与"眼睛"有关，同样是用眼睛观察事物，但意思却各不相同。用手遮额而望叫"看"，睁大眼睛盯着看叫"瞪"，斜着眼看叫

南京致远外国语小学分校六1班　夏红越

"睨"，很快地看叫"瞥"，向远处看叫"眺"，偷偷地看叫"窥""瞄"——你看，汉字的意思是多么丰富。

文化溯源

俗话说"耳听为虚，眼见为实"，意思是耳朵听到的不一定真实，道听途说常有虚假性、欺骗性，但是眼睛看到的一定是真实的。你同意这样的观点吗？

相传孔子周游列国时，被困在陈国和蔡国之间，已经7天没有吃上饭

了。幸亏弟子颜回讨了一些米回来煮饭。当饭快要熟了的时候，孔子远远地竟然看到颜回偷偷地用手抓了一把饭吃。孔子心里很生气，但他没有当面戳穿颜回，而是假装没看见走开了。

等到吃饭的时候，孔子故意说："我刚才梦到祖先了，我们应该把这干净的食物先拿来祭祀祖先。"颜回急忙说："不行，不能用这个食物来祭祀。"孔子心想颜回还是诚实的，做了错事敢于承认。没想到颜回的话让他几乎无地自容："都是因为我做饭技术太差，刚才开锅的时候，一不小心有灰尘掉到了饭锅里。我抓了出来，扔了觉得可惜，所以就自己吃了。"孔子感叹道："原以为眼见为实，实际上眼睛看到的也未必可信啊！"

"目"是观察世界的窗口。古人把那些能力超群的人想象成有"千里眼"，《西游记》中的孙悟空有着"火眼金睛"，二郎神额上有一只"天眼"。传说中造字的仓颉有四只眼，两只眼看世界，两只眼能看过去和未来。因此"目"明是聪明敏锐的象征。

实践运用

有人说，用眼睛看世界，只能看到眼前；用眼光看世界才能看到未来。能结合生活实际说说你对这句话的理解吗？

耳

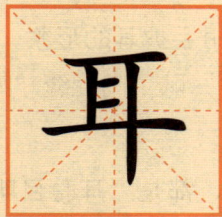

"眼观六路，耳听八方"，"耳聪目明"都是人们对于自身"目"和"耳"这两大感觉器官的期望。

汉字探秘

"耳"和"目"是人体中接受外界信息最多的两大感觉器官。"耳"也是象形文字，甲骨文的"耳"写作"🜁"，就是一只耳朵的形状，外部是耳郭，里面是耳洞和耳道。小篆的"耳"写作"耳"，已淡化了甲骨文中象形的特点，线条变得圆润匀称。到了楷书，已经基本看不出耳朵的形状了。

人们期待耳朵能听到更多更远的声音，于是神话故事中就有了"顺风耳"的神奇想象。

耳朵能听到各种美妙的声音，"听"的甲骨文"𦔻"是一只"耳"旁边有两张"口"在说话，表示"用耳朵感受声音"。"闻"的本义也是"倾听"，甲骨文的"闻"是一个跪坐的人用手护耳的形象，写作"𦖫"，表示正在以耳倾听。小篆的"闻"，另造"耳"贴"门"缝"听墙脚"的样子，来表示"贴着门缝倾听"的意思。

古时候能称作"圣贤"的人，都是"耳聪目明"学识渊博之人。"圣"的繁体字"聖"上面是"耳"+"口"，表示"听"的意思，下面的"壬"表示人站在土堆之上。"圣"的本义就是一个人竖着耳朵认真听取别人的教诲，或者表示把自己所听到知道的讲清楚、说明白。古人认为，圣，就是通。精通某种学问或者技能达到非常高的成就，才称得上"圣"。如唐代大诗人杜甫被称为"诗圣"，晋代大书法家王羲之被称为"书圣"。

耳朵听不见叫"聋"。古人认为"蛇类是一种聋虫，没有耳朵"，因此用"龙虫"会意，表示耳聋。后来又引申为糊涂、昏聩的意思。"装聋作哑"的意思是假装聋哑，故意不理睬，装作什么也不知道。而我们生活周围，有一些真正的聋哑残疾之人，他们看得见世界，却听不到美妙的声音，我们要主动去关爱他们。

"耳"的本义就是指"耳朵"，如"耳闻目睹""耳熟能详"等；后来也用来表示形状像耳朵的东西，如"木耳""银耳"。在两侧的门或者房间也叫"耳门""耳房"。

文化溯源

相传，春秋时期，有个小偷想把一口大钟偷回家。可是，钟声一响就会被人发现，怎么办呢？小偷想到一个办法，把自己的耳朵捂住，然后去偷钟。结果一下子就被人捉住了。后来人们就用"掩耳盗铃"这个成语来

南京致远外国语小学分校六1班　朱宝月

比喻那些自己欺骗自己，明明掩盖不住却拼命去掩盖的人。

　　因为"耳"和"目"都是人体获得信息的重要感官，人们干脆把那些专门替人刺探消息的人称为"耳目"。"耳目"还指见闻，如"耳目一新"。以假象欺瞒别人叫"掩人耳目"。

实践运用

　　你想过吗，上帝为什么给了我们两只耳朵，却只给我们一张嘴？苏格拉底说，这是希望我们多听少说，先听后说。善于倾听是获得智慧的第一步，也是做人基本的素质。希望我们都能做一个善于倾听的人。

鼻

鼻子是人的嗅觉器官，更是重要的呼吸器官。

汉字探秘

"鼻"的甲骨文"𦥑"就是鼻子的形状：上部是鼻梁，下部是左右两个鼻孔。随着字形的演变，最后演变为"自"。因此"自"的本义就是指鼻子。西方人在介绍自己时，往往拍着自己的胸脯说"是我"；而中国人介绍自己的时候常常指着自己的鼻子说"这就是我"。于是，"自"就被引申为"自己""自我"的意思，原本表示鼻子的本义却被弱化了。于是，人们又重新造了一个"鼻"字来表示"自"的本义。

"鼻"是个形声字，上面的"自"是形符，表示鼻子；下面的"畀"（bì）表示读音。"鼻青脸肿"形象地说明伤势严重；"横挑鼻子竖挑眼"意思是百般挑剔，怎么看都不满意。后来，凡有"鼻"旁的字，一般都跟人体呼吸器官"鼻子"有关，如"打鼾"的"鼾"。

今天，我们看到汉字"自"和"鼻"，会认为它们意思完全不同，也完全没有关系。了解了它们的本义，我们才知道，原来它们俩的关系竟这么密切。

尽管今天我们看"自"这个汉字，已经没有了"鼻子"的意思。但是在很多合体汉字中，它的这层意思依然很清晰。如汉字"息"，本是个指事字。甲骨

南京致远外国语小学分校六2班
魏子涵

文的"息"，在"自"的下面加上几笔表示鼻子下面呼出的气；因此"息"的本义就是气息，如"奄奄一息"等。呼吸是生命的象征，古人认为，"心"才是生命的主宰，因此金文的"息"下面变成了"心"，表示人的"心气"从鼻孔出来。再如汉字"臭"，也是个会意字。犬的鼻子是最为灵敏的，人们便用"自"（鼻子）＋"犬"来表示用鼻子辨别气味的"臭"。后来写作"嗅"，而用"臭"特指难闻的气味。"咱"也是个会意字，左边是张开的"口"，右边是表示鼻子的"自"，合起来表示自己，本义是"我"。

实践运用

要问谁的鼻子最特别，我第一个想到的就是那个一说谎话鼻子就会长长的小木偶匹诺曹啦！匹诺曹是《木偶奇遇记》中可爱的主人翁。你读过这本经典童话吗？

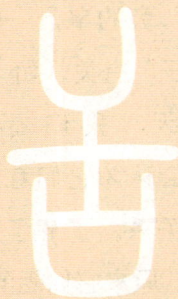

舌头可以说话和品尝味道。有人说，它是最柔软也是最锋利的东西。

汉字探秘

　　"舌"的甲骨文""是舌头的象形，下面是"口"，上面是从口中伸出的舌头。金文的"舌"写作""，旁边有四溅的唾液，中间还多了一条向上弯曲的线条，表示舌头在口中是可以向前或者向后灵活转动的。奇怪的是，甲骨文和金文"舌"的形状更像蛇的芯子，大概是因为人的舌头特征不是很明显，聪明的古人特地使用了蛇类分叉的舌形来代指。后来中间的线条被拉直，四溅的唾液被去掉，""逐渐演变为现在的楷书"舌"。因此，"舌"的本义就是指舌头。

文化溯源

"舌"与说话有关。说它柔软，是因为有人花言巧语，能说会道。"巧舌如簧"，意思是舌头灵巧，像弹簧片一样能发出悦耳的声音。说它锋利如刀，是因为有人言辞锋利，针锋相对。"唇枪舌剑"多用于辩论或争论激烈的场合，意思是唇像枪、舌如剑，形容辩论得非常激烈，就像枪和剑交锋一样。人在说话时，舌头必须灵活转动，所以引申为言辞。"白费口舌"就是说白白浪费了言辞。还有"张口结舌""油嘴滑舌""笨嘴笨舌""七嘴八舌""鹦鹉学舌"等都跟说话有关，你能说出它们的意思吗？

人在言语说话时，张着口摇着舌，发出声音。"言"和"音"在甲骨文中是同一个字，下面是"口"，上面便是摇动的舌头，表示正在说话的样子或者发出的声音。"言（音）"的甲骨文就是在"舌"的上面增加了一横，写作"🜨"，是一个指事符号。金文的时候，人们在舌头的上面又增加了一横，写作"🜨"，表示舌头正在进出摇动。到了小篆，上面又多了一个短横写作"🜨"。最后演变为汉字"言"。后来"言"和"音"分化成了两个不同的字。

听说过"毛遂自荐"的故事吗？毛遂凭借"三寸不烂之舌"使得楚王同意与赵国结盟，平原君赵胜感叹："毛先生三寸不烂之舌，强于百万之师。"后来，"三寸舌"就被用来形容能言善辩的口才。历史上，还有诸葛亮"舌战群儒"，终于说服孙权一同抗击曹操的故事。

随着字义的变迁，像舌头一样的东西，也会用"舌"来形容。如帽子前面用来遮挡太阳的部分，形状像舌头，称为"帽舌"；燃烧的火苗或者枪口喷出的火花，称为"火舌"。

舌是重要的味觉器官，和吃东西有关，人是通过舌头来辨别滋味的。"甜"是会意字，舌头能感受到甘甜的味道，"舌"和"甘"合在一起，就

是"甜";"舔"是指用舌头接触东西或者取食。

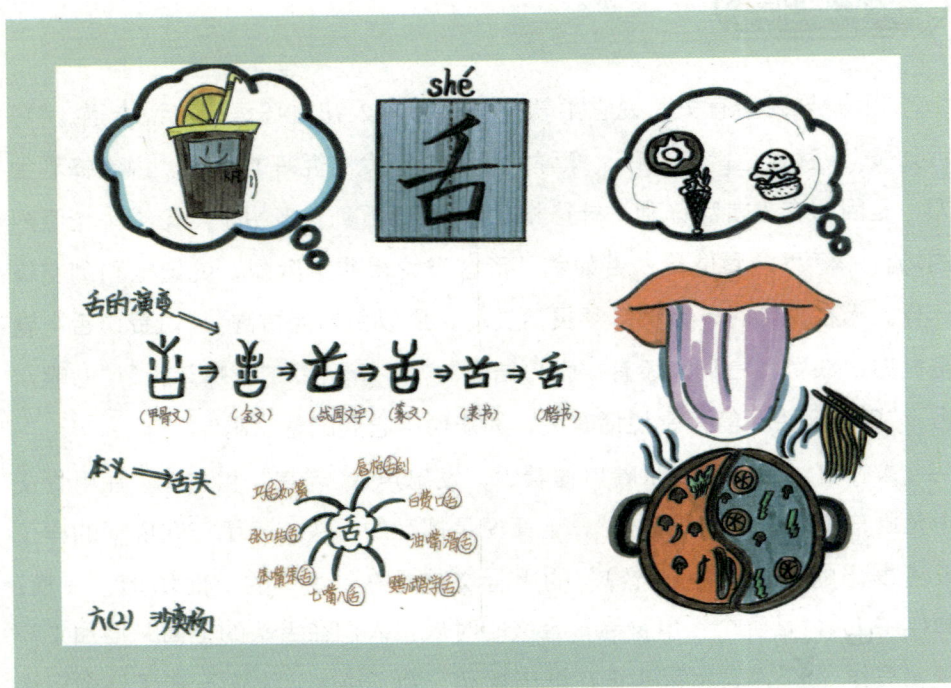

南京致远外国语小学分校六 2 班　沙奕杨

实践运用

有一档大家都十分喜欢的电视节目叫《舌尖上的中国》，中国人的味觉感知的不只是美食文化，更是东方人的生活方式。其中，家的味道，妈妈的味道，是舌尖上最美的味道。你的舌尖记忆中，最美的味道是什么呢？

身

身体表面布满神经，能感知温度、湿度、硬度、疼痛、轻重、压力，我们称之为"触觉"。触觉与身体的灵敏度有关。

汉字探秘

"身"原本是一个象形字，"身"的甲骨文"𠂤"就是一个腹部隆起的人的形状，突出这是一个怀有身孕的女人。有一种甲骨文写为"𠂤"，还在这个隆起的腹部增加一个点，使怀孕的形象更加清楚生动。因此，"身"的本义指有孕在身。江苏中部方言中，至今仍把"女子怀孕"说成"带身"。

更为有趣的是，"身"和"孕"在甲骨文中同源同构，是同一个字。到了小篆，这两个字才因"身"的字义转移，分成了两个完全不同的字。"身"从"有孕在身"被引申为"身体"，逐渐用于专指人的躯体。于是，在小篆中，人们根据"身"的本义重新造了"孕"，写作""：上面是个弯腰垂臂、躬着身子的人（乃），下面是"子"，表示胎儿正在母亲的腹中孕育。

文化溯源

"身"的本义为有孕在身，后渐渐被引申义所取代，用来表示人和动物的身体。其实，"身"和"体"是两个概念，"身"主要指"躯干"，而"体"则指四肢；"身"是主干，"体"是分支。所谓的"身强体壮"，指作为人体主干的"身"（包括"身"内的五脏六腑）要健康；作为人体四肢的"体"要强壮。强身健体才能身强体壮。中国传承千年的气功、太极、武术等强调的都是疏通气血，气血充盈方可"强身"。"强身"是本，"健体"是末，舍本逐末往往得不偿失，伤害身体。本末不可倒置，先有健康之身，才有强壮之体，身强体壮方能拥有幸福人生。

因为"身"主要指人肉体的主干，所以引申为"自己""自我"，如"身先士卒""以身作则""身临其境"等。后来又引申为"生命"。如"奋不顾身"，指奋勇向前，不顾自己的生命。还引申为人的地位、品德，如"立身处世""出身卑微"等。渐渐地，由人体主干部位也引申到物体的主干部位，如车子的主干部位"车身"，轮船的主干部位"船身"等。现代汉语中，"身"还成了量词，如一身衣服、一身正气等。与身体有关的很多字，都含有部首"身"，如"躺、躲、躯、躬"等。

孔子说"其身正不令而行，其身不正虽令不从"，意思是（管理者）如果自我品行端正，不用发布命令，大家都会主动去做；如果自己品行不端，即使三令五申，别人也不会服从的。古人这种"身正为范""以身作则"的观念一直影响至今。要想赢得他人尊重，让别人信服，首先要修养身心，涵养德行，博学知礼。

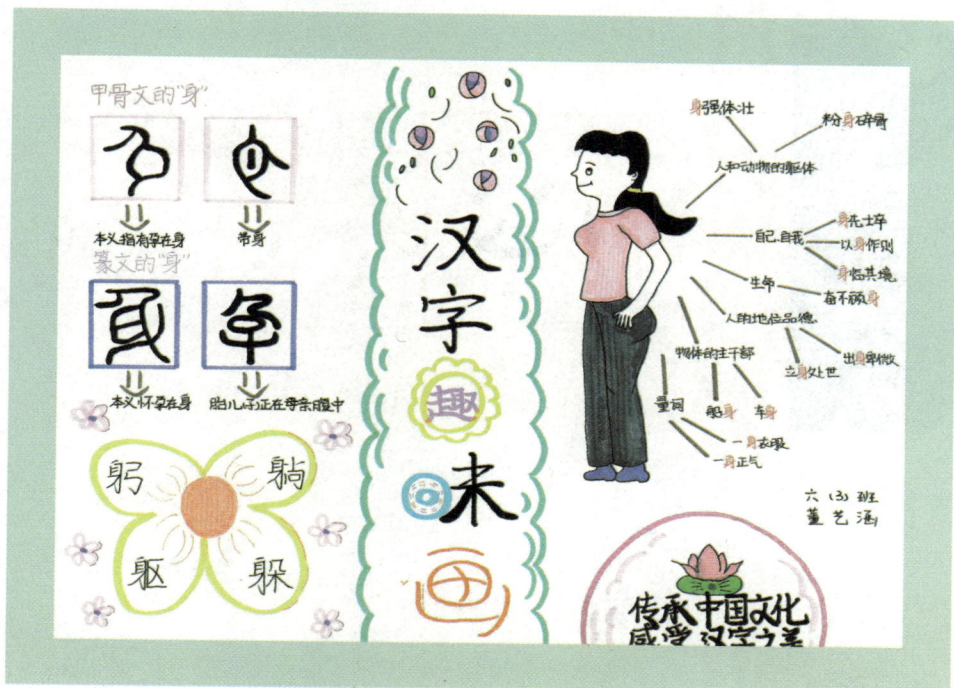

南京致远外国语小学分校六 3 班　董艺涵

实践运用

陆游告诫自己的孩子说"纸上得来终觉浅，绝知此事要躬行"，说的是要取得真学问，必须身体力行，亲自去做，以身体去感知。你能联系自己的学习、生活说一说什么才叫"躬行"吗？

心

据说，在感知世界的"五感"之外，每个人都是存在"第六感"的，在听觉、嗅觉、视觉、触觉、味觉之外，被称为"心觉"。

汉字探秘

古人对"心"的认识，可从最早的"心"字中窥见一斑。"心"的甲骨文"♡"是人或动物心脏的形状。半封闭的心包上两条简洁的斜线，表示心脏血管的纹路。金文略有变形，整体看上去还像一颗心。小篆的"心"写作"心"，发生了很大的变化，楷书的写法基本源自于此。

"心"的本义就是指人体的心脏器官，由于心脏在人体中间的位置，所以引申为"中心""中央"的意思，如"江心""圆心""中心"等。

文化溯源

　　古人认为，心也是一种感觉器官，可以生发思想和情感。大学问家孟子认为"心之官则思"，所以"心"又引申为思想、情感、意念等，如"心思""心机""心领神会"等。"心眼"指心底、内心，如"我打心眼里喜欢这个孩子"。人们也把那些"格局小、气量小、目光短浅、多疑"的人说成是"小心眼"。

　　人究竟是用"心"思考，还是用"大脑"思考？聪明的古人发现婴儿头顶囟门的跳动和心脏的跳动合拍，因此认为"脑"和"心"是相通相连的，都是用来思想、思维的工具，于是创造了"思"这个字。"思"的甲骨文 🧠 上面是一个"囟"，以婴儿的囟门代表"大脑"，下面是心脏的象形。"思"的本义就是"动脑筋思考问题"。孔子说"学而不思则罔，思而不学则殆"，意思是学习始终要与思考相随。

　　与思想、心情有关的字，多有"心"字旁。"心"在左边成为"忄"，如"情""怡"等；"心"在下面如"忠""愁"。"羡慕"的"慕"下面也是"心"的变形，表示"希望自己也有"的心态。

　　善良的人有"善心"，有"爱心"；忠贞的人有"忠心"，有"丹心"；孝顺的人有"孝心"，有"初心"。当然，也有"黑心、贪心、私心"等。与"心"相关的成语有很多。心手相连，人们用"心灵手巧"形容既聪明又能干的人。用"心慈手软""心狠手辣"形容两种不同的人，一种善良，一种凶狠。"心宽体胖""心花怒放"说的是人心胸开阔、心情愉悦的样子。心不定，则意彷徨，"心浮气躁""心烦意乱"说的就是心神不宁、心思不定的人。你还能说出类似的其他成语吗？

　　明代哲人王阳明认为，"天下一切大道理，只有经过我们的心，发自我们的心，依凭我们的心，才站得住。无法由人心来感受，来意会、来接受

的'理'，都不是真正的理，不应该存在"（余秋雨《王阳明的人生宣言》）。

南京致远外国语小学分校六 3 班　邓诺允

实践运用

　　眼、耳、鼻、舌、身、心都是人类感知世界的器官，因为有了这些感觉器官，世界才成为我们的世界。而人的一切烦恼喜乐，并非完全来自对外界的感知，更多地来自内心，来自一个人看待世界的心态。愿你初心不忘，心向阳光，打开心扉，拥抱美好的生活。

第 5 章

六艺篇

六艺溯源　汉字寻根

　　从古至今，人们都要通过学习一些技能，以应付生活，从而更好地适应社会的发展变化。回看我国古代社会生活，你会惊奇地发现，早在周朝时期，那些将要参加国家治理的学生就被要求掌握六种基本技能，即：礼、乐、射、御、书、数。

　　"礼"是祭祀神灵的一种仪式，甲骨文中的"礼"字以两块玉和一面大鼓组合而成；"乐"字则表示把丝弦放置于木头上面，即"琴"。自古礼乐相随，祭祀时总会根据不同场合的需要，配以相应的音乐。"射"是箭搭在弓弦上，即将发出。而"御"呢，则是一个人手拿鞭子驾驶着马车在道路上行进的样子。如果说礼乐使人谦和，射和御则体现了古人追求的阳刚之美。书和数是最为基础的学科，只要是读书人，从做学生的那一刻就一直在学习了。

　　本章内容既有新奇有趣的字源追溯，也有翔实有味的历史故事；既有六艺核心内容的规定，也有贴合现代生活体验的实践运用。亲爱的你一定会发现"五礼、五射、五御、六书、九数"这些奇妙数字所包含的特别含义。

第十六讲

礼　禮

古人认为君子应该具备"礼、乐、射、御、书、数"这六种技能，称为"六艺"。孔子所说的"志于道，据于德，依于仁，游于艺"（见《论语·述尔》），其中的"艺"即指此六艺。六艺中，排在第一位的就是"礼"。

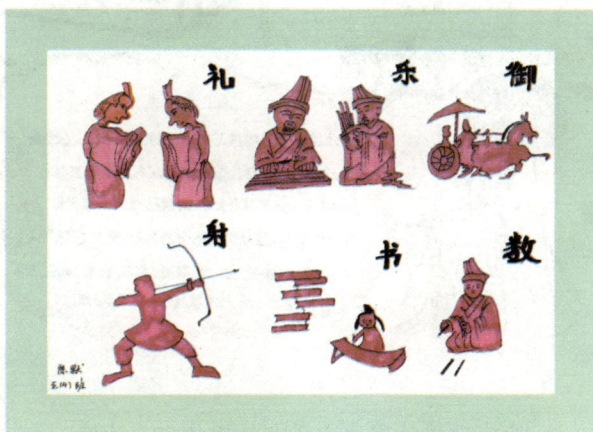

南京致远外国语小学分校五4班　陈默

汉字探秘

　　甲骨文的"礼"（），上面是一个碗状的器皿，里面放着两串"美玉"，下面是一面立着的大鼓，表示击鼓奏乐，同时奉上美玉，敬拜祖先神灵。鼓和玉都是古代祭祀活动中必不可少的代表礼器。因此"礼"的本义就是祭祀神灵的一种仪式。金文的"礼"变化不大。小篆"礼"（）的字形变化较大，左边加上了表示祭台的"示"，右边的"钟鼓和美玉"讹变为"曲"＋"豆"（一种礼器），成了"禮"。现在常见的汉字"礼"右边已经简化得没有一点祭祀的痕迹了。

南京致远外国语小学分校五 4 班　林幂

文化溯源

古代六艺之中，"礼"排在第一位。古人认为做人首先要学"礼"。有哪些"礼"要学习呢？据说有"五礼"：祭祀之事是吉礼，主要是指敬天地鬼神祖先的祭祀活动，古人相信祖先神灵能保佑后人，带来吉祥福祉。除了祭祀之礼以外，还有军旅之事为军礼；丧葬之事为凶礼；宾客之事为宾礼；冠婚之事为嘉礼（也叫喜礼）。每一"礼"都有很复杂的程序和具体的要求。古人将"礼"看得尤其重要，行为有失礼仪，人们会用"失礼失礼"来表达歉意；父母也常用"不得无礼"来教育在宾客面前言行不够得体的孩子。

现在，我们常说的"礼"主要指各种礼仪规范。江苏省提出"八礼四仪"，并以此来督促中小学生养成文明礼仪习惯。"八礼"指仪表之礼、餐饮之礼、言谈之礼、待人之礼、行走之礼、观赏之礼、游览之礼、仪式之礼。"四仪"以七岁、十岁、十四岁和十八岁四个年龄为节点，开展入学仪式、成长仪式、青春仪式和成人仪式，以此教育引导学生强化文明礼仪素养。

现代汉语中"礼"不仅指礼仪、礼节，如彬彬有礼、傲慢无礼；也指礼物、礼品，如三茶六礼、礼轻情意重；还作为动词，表示尊敬友好的动作或态度，如先礼后兵、礼贤下士等。中国人尤其崇尚礼尚往来，"往而不来，非礼也；来而不往，亦非礼也"，意思是对别人给予自己的帮助和善意，要做出反应，投之以桃报之以李，否则就不合礼节了。

古人倡导以礼立人，以礼立身。孔子认为"不学礼，无以立"。这里还有一个有趣的小故事呢。据《论语·季氏》记载，有一天孔子站在自家庭院里，他的儿子孔鲤从庭前经过。孔鲤见到自己的父亲站在跟前，低着头小步快走而过（古时候见到长辈要低头、小步、快走以示恭敬）。孔子叫住孔鲤问："学《诗》了吗？"孔鲤说："没有。""没有学《诗》，就不懂得怎

南京致远外国语小学分校五 2 班　王弥嘉

么说话（不学诗，无以言）。"孔鲤于是"退而学《诗》"。又过了些日子，孔鲤又从庭前而过，又被孔子叫住问："学礼了吗？""还没有。"孔鲤赶忙回答。"没有学礼，就不懂得怎样立身处世（不学礼，无以立）。"孔鲤赶忙"退而学礼"。这就是"不学礼无以立"这个成语的由来。今天，这种"礼"不再指一种技能，更多地表现为一个人的"道德修养"。强调人既要有"公德"，也要有"私德"。

实践运用

　　"礼"是古代君子立身之本，现在没有了那么多的繁文缛礼，但生活中我们仍要坚守一个"礼"字，彬彬有礼，知书识礼，以礼待人，做一个文明"有礼"的新时代好少年。请你采访身边老人或查阅资料，整理出日渐被人遗忘的 3～5 条旧时"礼"节，和大家做个分享。

乐

六艺中，"礼"本义就是指祭祀的仪式，"乐"是祭祀仪式中必不可少的载体。

汉字探秘

"乐"的甲骨文 很形象，也很清晰："丝在木上"，上面是丝弦，下面是木架。丝弦置于木制的架子之上，一看就知道，最早的"乐"就是指"乐器"。小篆的"乐"（ ）在上面丝弦中间加了一个"白"（"白"是大拇指的象形），便很清楚地表达出"用手指"弹拨"架在木器上的丝弦"，弹奏出的悠扬的声音就是"乐"的意思。人唱出的叫"音"，与乐和在一起，合称"音乐"。人们弹奏"乐"，发出好听的声音，心情自然就"快乐"；所以，"乐"还有一个读音 lè，"快乐""欢乐"的"乐"。现在简化的

字形"乐"已经看不出乐器的形状了。

《说文解字》认为,"乐"是"五声八音的总名"。"五声"指的是"宫、商、角、徵、羽"五个古音的音阶。我们常用"五音不全"来形容不擅长歌唱的人,这里的"五音"说的就是最初的"五声"。"八音"是指古时候金(钟)、石(磬)、丝(琴、瑟)、竹(箫、篪)、匏(笙、竽)、土(埙)、革(鼓)、木(柷、敔)八种不同音质的乐器。《三字经》中的"匏土革,木金石,丝与竹,乃八音"说的就是古乐中的"八音"。

南京致远外国语小学分校五2 陈锦灿

文化溯源

六艺中,"乐"与"礼"紧紧相随,如果"礼崩乐坏",则意味着这个国家快要衰亡。孔子认为，国家要稳固繁荣，必须"合乎礼，正乎乐"。古代六艺中的"乐"指"六乐"，即西周制定的分别用在重大祭祀活动中的六种乐舞。相传黄帝时代出现的《云门大卷》（亦称《云门》）是用于祭祀天神的。尧舜禹时代出现的《咸池》《大韶》《大夏》分别用于祭地神、祭四方神灵、祭山川。

《论语》中有这样一则故事：子在齐闻《韶》，三月不知肉味。曰："不图为乐之至于斯也！"据说，《大韶》是赞美舜的经典古乐，非常动听。有一天，孔子偶尔听到《韶》乐，觉得太好听了，超过了一切美味的享受，以至于他很长时间都品尝不出肉的味道了。他感叹道：真没想到这个音乐如此尽善尽美，能让人达到如此境界。

商代出现的古乐《大濩（hù）》是用来祭祀周朝祖先后稷的母亲姜嫄的。周代创编的《大武》是祭祀周代祖先、颂扬武王伐纣的乐舞。这"六乐"流传到汉代，只剩下《大韶》《大武》二乐了。

音乐使人愉悦，所以引申为"快乐"。成语"乐极生悲"说的是快乐到了极点，会发生使人悲痛的事情；成语"乐不思蜀"说的是刘备之子刘禅亡国之后被俘，竟然不思念自己的蜀国了，比喻在新的环境中生活得很快乐，便不想回到原来的环境中了。"乐（lè）"作为动词表示"喜爱、喜好"的时候，古音读 yào。有人认为《论语·雍也》中的"知（智）者乐水，仁者乐山"，应该读成"智者乐（yào）水，仁者乐（yào）山"。

这个字的读音还有一处争议较大。《诗经·周南·关雎》中"钟鼓乐之"的"乐"，有人说应该读 lè，意思是以钟鼓的声音使她快乐；有人说应该读 yuè，同"悦"，以钟鼓的音乐声取悦她。你认为读哪种读音比较合适呢？

古代的"乐"不仅可以用于治国理政，更是古代文人提升自身修养必备的技能。琴棋书画诗酒花茶，被称为"古人八大雅事"，"琴"排第一位。王维的"独坐幽篁里，弹琴复长啸。深林人不知，明月来相照"，说的就是古代文人雅士闲适的生活及情趣。相传俞伯牙弹奏《高山流水》，遇到懂音

乐的钟子期，两人引为知己。后来子期因病亡故，伯牙悲痛万分，认为世上再无知音，再不会有人像子期一样体会他演奏的意境，所以把自己最心爱的琴摔碎，终生不再弹琴。后来人们用成语"高山流水"比喻音乐优美，也比喻知音难觅。

南京致远外国语小学分校五2班　陶乐熙

实践运用

　　"乐"的本义是一种弹拨乐器，古代六艺中的"六乐"是为祭祀活动创编的乐舞。现代汉语中的"乐"多指艺术教育中的"音乐"。哲学家尼采说：没有音乐，生命是没有价值的。现代音乐包罗万象，种类繁多。你知道哪些"乐"呢？能和大家分享你最爱的音乐吗？

射

"射"也是古代君子的一项必修课。

汉字探秘

　　今天我们看到的汉字"射"是左右结构，左边是"身"，右边是"寸"。有人说，方寸之身，不是身体矮小的意思吗，和"射箭"有什么关系？倒是"高矮"的"矮"，左边的"矢"指"弓箭"，右边的"委"古时候有"推"的意思，把箭推出去，不就是"射箭"吗？因此甚至有人质疑："射"和"矮"两个字的意思是不是用反了？事实真的是这样吗？

| 甲骨文 | 金文 | 小篆 | 康熙字 | 楷体 |

我们找来"射"的甲骨文就会发现，甲骨文的"射"（⟨图⟩）就是"箭搭在弓弦上"的形状。箭在弦上，即将发出，不就是"射"吗？（箭在弓旁，就是"引而不发"的"引"。）金文的"射"在箭尾增加了个表示手的形状的"又"，更加形象地表示手拉弓弦，弦上之箭即将发出的状态。左边的"弓"是怎么变成"身"的呢？小篆的"射"，依然是左侧的弓弦上搭着一支箭，箭尾加上一只手；可是书写的时候，左侧变形有点大，"弓"有点像"身"的形状。隶书完全发生了讹变，左边直接写成了"身"（其实是"弓弦"），右边的"又"加了一点，成了表示手臂的"寸"的字形。由此可见，"射"的原义就是箭搭在弓弦上，即将射出，与所谓"寸身"毫无关系。

也许你又会问，"高矮"的"矮"跟弓箭有什么关系呢？为什么是"矢"字旁呢？其实，古人是用"矢"（弓箭）来表示长度的，因为古时候的"箭"都是按照一定的长度统一制造的；所以，"矮""短"等汉字中都是表示长短的"矢"字旁。

由"射"的甲骨文可知"射"的本义就是指张弓射箭（如《后羿射日》），后引申为各类武器的"发射"，如射程，射击。又引申为阳光的照射。有时还表示语言的伤害，如含沙射影。

文化溯源

六艺中，"射"是君子立身的一项技能。春秋时代社会各阶层经常举办各种"射礼"——一种非常正规的竞技运动，不仅比谁能射中靶心，还要看射箭的全过程是否合乎礼仪。比赛过程中，讲究谦和、礼让、庄重，倡导"发而不中，反求诸己"（如果射不中，反省自己的问题）。你看，古人多么智慧，寓教于射，明明是一项竞技比赛，却借此强调人的道德修养的塑造和礼仪规范的形成，集舞蹈、礼仪、音乐、射艺、道德于一体。随着社会的发展，原本实战性很强的"射技"渐渐成为娱乐化的"射礼"，成为宴会之后的固定项目。

六艺中的"射"有五种技能，称为"五射"，分别是白矢、参连、剡注、襄尺、井仪。五种技能非常有意思。第一种白矢，指箭射穿靶子之后箭头发白，说明射出的箭准确而有力量；第二种参连，指一支箭射出之后，再连射三箭，后面三支箭每一支都紧紧相连，四支箭串联在一起，如同一根直线。第三种剡注，是一种怎样的技能呢？箭一出弦即射中目标，简单说指射箭又快又准。第四种襄尺，意思是臣与君一起射箭时，臣不能与君并立，要退后一尺距离以示君臣有别。第五种井仪，意思是四箭连发，箭箭皆十环（目标全中）。可见，古人不只将"射"作为杀敌卫国的技术，还将此作为君臣、诸侯、百姓之间的一种修身及娱乐活动。

南京致远外国语小学分校五3班　朱梓宁

"射"手故事

古时候，战事不断，杀敌卫国自然需要射箭高手。成语"百步穿杨"说的是春秋时楚国的将领养由基，善于射箭，不仅百发百中，还能射中一百步外杨柳树的叶子。后来就用"百步穿杨"形容枪法或箭法非常高明。杜甫在《前出塞》中写道"射人先射马，擒贼先擒王"，可见射击在战争中地位重要。大家非常熟悉的汉将军李广，更是家喻户晓的射箭高手。卢纶的《和张仆射塞下曲·其二》："林暗草惊风，将军夜引弓。平明寻白羽，没在石棱中。"说的就是李广射虎的故事。夜晚光线昏暗，风吹草动，李将军疑心草丛中有虎，于是张弓搭箭，又快又准击中目标。第二天大家跑去一看，昨夜李将军射出的箭头竟然深深地没在石棱之中，可见李广将军力大无穷。也难怪王昌龄感叹："但使龙城飞将在，不教胡马度阴山。"

实践运用

汉字"射"的原形就是一张弓，一支箭，箭在弦上，待机而发；本义就是张弓射箭。古代六艺中的"射"有五种技能。今天，射箭技术已从战争和立身修养的历史舞台中退出，但保留在了现代体育项目的"射击"项目中，少数民族中有些"射箭"狩猎传统依然存在。如果你有兴趣，也可以去感受一下射击类的游戏活动。

御

在古代"六艺"中，"御"和"礼、乐、射"一起合称为"大艺"，是贵族子弟从政必须掌握的技能，属于六艺中的高级课程。

汉字探秘

"御"是会意字，甲骨文的"御"（𢓓）就像一幅非常形象的"驾驶马车"图，一个人手拿鞭子驾驶着马车在道路上行进的样子。后来演变为现在的字形"御"，左边的"彳"表示道路，右边的"卩"表示赶马车的人，中间由"午"（马车的用具）和"止"（表示抵达）构成。

"御"本义就是"驭"，驾驭，驾驶车马的意思。因此，《说文解字》中直接定义为"御，使马也"。后来引申为封建社会上级对下级的统治、管理。由于帝王是离不开车马的管理者，以致"御"成了与帝王有关的事务

甲骨文	金文	篆文	隶书	楷书

的敬称，如皇帝亲自带兵打仗称为"御驾亲征"，连皇宫后院的垂柳都称为"御柳"（"春城无处不飞花，寒食东风御柳斜"）。

"御"还有一个有趣的繁体字"禦"，下面的"示"表示"祭台、祭桌"，指抵抗灾祸的祭祀活动。因此"禦"还有抵挡、抵抗的意思，如"御寒、御敌、防御"等。后来，"御"和"禦"合并为一个字。"御"就有了"驾驭车马"和"抵抗、抵挡"这两类意思。

文化溯源

"御"是古代六艺之一，包括驾驭车马的技能和礼仪。类似于今天考驾照，不过古人要学五种科目。

第一种叫"鸣和鸾"。"鸣"和"鸾"分别是挂在车马上的两种铃铛，驾车时两种铃铛发出的声音要统一，也就是驾车的节奏要把握好，要做到"稳而不乱，心平气和"。这是学驾车的入门课程。第二种叫"逐水曲"。要学习在曲折不平的水沟边驾车，还不能掉入水沟，考验的是驾车人控制车的能力与应急处置的能力。第三种叫"过君表"。指驾驶车马经过天子插着旗子的辕门（君表），辕门两侧石磴与马车两边仅留有 5 寸的间隙，考验驾车人的心理素质和估算能力。第四种叫"舞交衢"。意思是车子在交叉的道路上，来回行进，旋转自如，如同舞蹈一般，像是秀车技。第五种叫"逐禽左"，意思是驱车追赶禽兽，并把禽兽阻拦在左边，以方便射猎。可见，古时候当个"御者"也并不容易，有着比今天考驾照更为严格的程序，需要更为系统的学习才能胜任。

南京致远外国语小学分校五3班　郑楚俞

古人学驾车，不仅需要勤学苦练，更需要专心致志，放平心态。"赵襄子学御"的故事讲述的就是这个道理。

春秋时期赵襄子请驾车高手王子期教他学习驾驶马车的技术，他自认为技术已经全部学会了，便要和王子期来一场驾车比赛。只见王子期镇定自若，目视远方，稳稳当当地驾驶着自己的马车。赵襄子呢，东张西望，一会儿跑在前面，一会儿又落到了后面，最后赵襄子输了。他很不服气，认为是自己的马匹不行，可是换了三次马，赵襄子还是落在王子期的后面。他很生气，认为王子期没有把全部技术教给他。王子期笑着告诉他：驾驶的技术已经全部教给你了，可是你对技术的使用还不得法啊！跑在前面你怕我赶上你，落在后面又一心想赶上我。你的注意力不在驾车上，而一心盯着我。你总是患得患失，不能专注驾车，自然不能赢得胜利了。赵襄子一下子明白了自己失败的原因，从此勤加练习，专心致志，也成了驾驭

高手。

古代六艺中，"御"不仅指驾驶马车的技术，也包含为学、做事的智慧，以至管理、领导的意思。"御史"最初就是指管理、记录档案、历史一类的官员，类似于现在的书记员、秘书。到了秦汉时期，御史才成了监察官。

实践运用

马车在古代是重要的交通工具，马车的多少还决定着国力的强弱，因此，"御"成了古代君子很重要的一项学习内容。随着时代的发展，"御"这种技能已经不再重要，而其中蕴含的智慧与领导力成了现代人成长发展中一项非常重要的能力。领导力是指必须拥有管理好自己的一种能力，才能对他人产生积极影响力。学习、工作、生活中，我们每个人都可以培养和展示自己的领导力。你在生活中能做好自己的"御者"吗？

书

　　"书"和"数"是中国古代六艺中的"小艺"。如果说"礼、乐、射、御"是六艺中的高级课程，"书和数"则属于基础课程。

汉字探秘

　　现在我们看到的汉字"书"是个简化字。从字形上，已看不出古人的造字逻辑。但是"书"的繁体字——"書"依稀可以看出"书"的本义。書是从甲骨文（ ）演变而来的：上面的"聿"表示手拿毛笔的样子（笔的繁体字就是"筆"）；下面的"日"在甲骨文中是个"口"，表示用笔记录语言（也有人说不是"口"而是在上面写字的器物），后来讹变为"日"。金文的"书"在甲骨文上下两部分的中间，增加了一些点点画画，下面就成了"者"（古音读诸），表示"书"的声符。小篆与金文写法相近，只是字

形更为美观匀整。楷书"書"正是从金文、小篆的字形演变而来。

| 甲骨文 | 金文 | 篆文 | 隶书 | 楷书 |

根据"书"的演变过程，我们不难看出"书"的本义并非"书本、书籍"，而是"书写、记载"的意思。成语"罄竹难书"意思是一个人罪行太多，多得在竹简上写都写不完。渐渐地，人们用"书"来表示"装订成册的著作"，就是今天最常用的"书籍、图书"等意。后来又引申为"书信"，如"鸿雁传书""家书抵万金"等。

古今用法中，"书"还专指"书法"，如"琴、棋、书、画、诗、酒、茶"中的"书"，就是指"书法艺术"。甲骨文的"画"上面也是"手持毛笔"的样子，下面是两条弯曲的边线。金文还在这两条边线的下面加上了"田"，表示画上线以分出田界。"画"的篆文写作"畫"，现在简写为"画"。"书画"是书法和绘画的统称，也称字画。

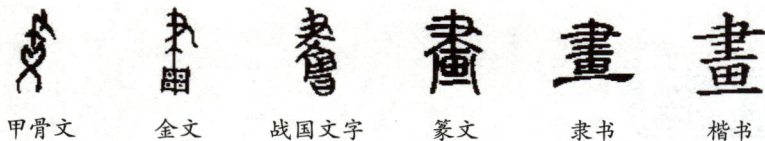

| 甲骨文 | 金文 | 战国文字 | 篆文 | 隶书 | 楷书 |

文化溯源

六艺中，"书"既不是指"书写、记载"，也不是指"书籍、图书"，而是指与识字相关的六种造（用）字法，称为"六书"：象形、会意、指事、形声、假借、转注。其中，象形、会意、指事、形声是古人常用的四种造

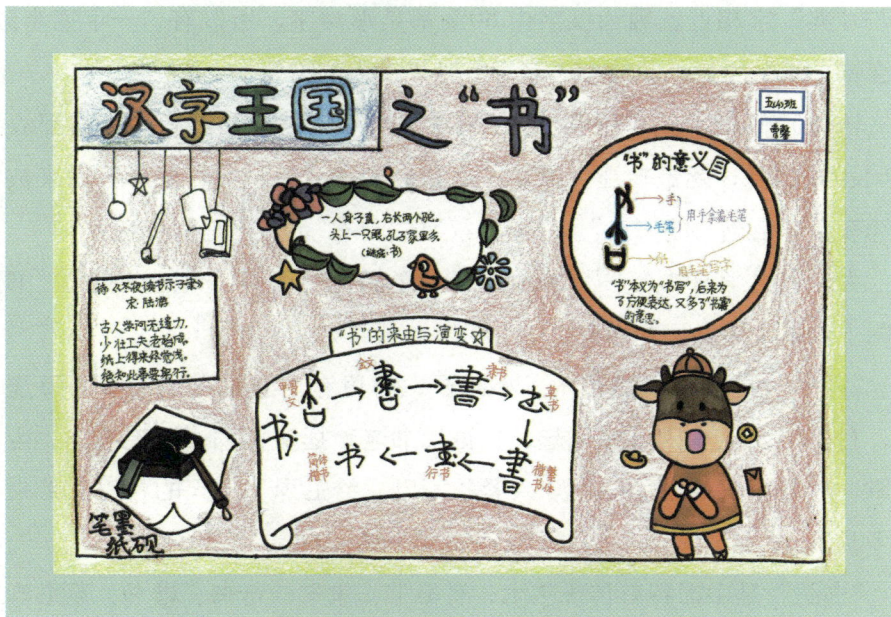

南京致远外国语小学分校五4班 曹馨

字法；而转注和假借是汉字使用的两种方法。

如汉字"人"是依据侧身站立的人的外形勾画而成，这类汉字因其"象物之形"称为象形字。

而汉字"休"表示人累了之后倚靠在树木旁休息。这类汉字一般由两个或者多个独体字组成，以合并起来的字形或者字义来表示整个字的意思，这类字就是会意字。很多会意字都很有意思，如"鸟的叫声"就是"鸣"；"细小的土"就是"尘"；上面小，下面大，就是"尖"。你可以在汉字系统中找到很多这样的会意字。

指事字大多是在象形的基础上，加上一两处表示抽象意义的标志。如"刃"，在"刀"口锋利处加上一点，标示此刀口最锋利之处为"刃"。

形声字由声符与形符两部分组成，声符表示读音，形符表义。如"桃"，左边"木"是形旁，表示它是一种树木，声旁是"兆"，表示它的发

音与"兆"字相近。因为汉字中80%都是形声字,所以有"一字读半边,不会错上天"之说,也给初学者识字带来很大的方便。

转注和假借都是"用字法"。如古文字中"考"和"老"最初都表示"年长的老者",就是转注;再如"自"最初是"鼻"字的象形,后来被假借为表示"自己"的"自"。你看,汉字"六书",是不是很有意思?

古时通过学习"六书",来达到识字的目的。所以,作为六艺的"书",实际上就是今天的语文教育。

"说书"是一种民间艺术。小时候,村里有个会说书的老爹。每逢夏夜,村里男女老少围坐在一起,只见说书老爹摇头晃脑,嬉笑怒骂,生动幽默,时而令人捧腹,时而令人紧张不已,给忙碌了一天的村里人带来了很多欢乐。

"书法"是中国特有传统艺术,有篆书、隶书、行书、楷书、草书等五种。书法因其美的艺术表达被称为是"无言的诗,无形的舞,无图的画,无声的乐"。中国著名的书法家有王羲之、柳公权、颜真卿、赵孟頫、王献之,等等。

实践运用

汉字文化是中国传统文化中最核心的基础与力量,作为一名中国人,我们要了解"六书",要学习"书法",腹有"诗书",与"书"为友,做一个有"书卷气"的人。你能把汉字"六书"的相关知识介绍给身边同伴吗?

数

"数"是古代六艺中的最后一项技能。

汉字探秘

"数"这个汉字左边的"娄"有放空的意思；右边的"攵"表示手拿着一根棍子。手拿棍子，放空心灵，在干什么呢？在计数。心无杂念，计数才能更准确。因此"数"是个会意字，表示计算。现代汉语词典中，"数"有三个读音：shǔ，表示计数、计算，是动词，如数一数、数不清等；shù，数目、自然数、整数、分数等表示事物的量的基本概念，或是数词，如"数十种""数小时"；shuò，表示多次、屡次的意思。成语"数（shuò）见不鲜"，意思是常常见到，就不觉得新奇了。

文化溯源

古代六艺中的"数"，是君子必修的一项技能，称为"九数"。所谓"九数"指的是古代最早的数学专著《九章算术》。《九章算术》分为九章，每一章讲述一个数学知识或者生活中常见的数学问题。

第一章讲述几何图形面积的计算方法，叫"方田"；第二章讲述的是粮食谷物交换中的按比例折算等问题，叫"粟米"；第三章讲述的是比例分配问题，叫"衰分"；第四章讲述的是数学中开平方、开立方问题，叫"少广"；第五章讲述的是工程问题、体积问题，称为"商功"；第六章讲述的是如何合理摊派赋税问题，叫"均输"；第七章称为"盈不足"，顾名思义，主要论述的是盈亏问题；第八章讲述的是方程问题；第九章讲述的是直角三角形的性质，称为"勾股"。

你看，九数都是古人在早期生产劳动、日常生活中常常遇到的问题，上至贵族，下至庶民，都要学习运用。

古代先民在生产劳动中逐渐认识了数，并创造了计数的符号。前面的"数字篇"我们就介绍过，殷商甲骨文中已经有了13个数字汉字，最小的是"一"，最大的是"三万"。了不起的是，其中已经蕴含十进制的萌芽。随着数字"一"的诞生，人类文明向前跨了一大步。"一生二，二生三，三生万物"，中国的数字文化博大精深。比如，"三"是个特殊的数字，"事不过三"，大禹治水"三过家门而不入"，"三人行必有我师"；六是吉利的象征，"六六大顺"；八与"发"谐音，是做生意人的最爱；九是最大的单数，"九五之尊"是帝王象征。又如"四""十三""十八"等在不同的地域都会有不同的寓意。你若留意，会发现生活中处处皆有学问。

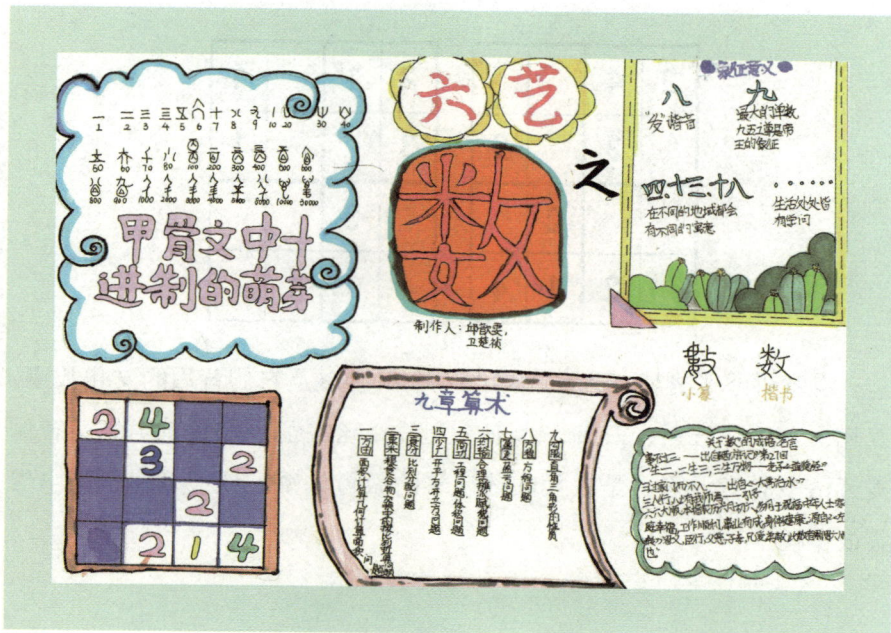

南京致远外国语小学分校五4班 邱歆雯 卫楚祯

实践运用

以今天的学科来看,古代六艺中的"数"相当于现在的数学学科。数学极具智慧,逻辑性强,在数学的世界里遨游,能让人忘却一切,甚至达到痴迷的程度。从古至今,数学都是一门极其重要的基础学科,它推动了科技的发展、人类的文明。你喜欢数学吗?你比较擅长数学学科中的哪一类知识呢?

在数学活动中,有一项有趣的游戏:数独。你会玩吗?下面这道简单的数独题,你能很快找到答案吗?

2	4		
	3		2
		2	
	2	1	4

2	1		4
	3		1
		3	
4			1

　　本章讲述了古代"六艺"中的六个汉字以及它们背后的文化故事。五礼、六乐、五射、五御、六书、九数，涵盖了今日教育中的德智体美劳诸多教育元素，是古代比较完善的教育体系，现代教育也从中借鉴很多呢！

第 **6** 章

教育篇

真善向美　汉字寻根

　　教育的本源就是教人求真、向善、尚美，三者相辅相成，缺一不可。真，是要让人认清事实，实事求是；善，是教育的人性追求和理想；美，是以情趣为根基，指向人生幸福的精神追求。

　　古人以火烧龟甲这种占卜的方式以辨别真伪，便造出了"真"字；因羊温驯，便被看作"善"的化身：上面是一只"羊"，下面是羊的一双眼睛；"美"是个象形字，活脱脱就是一个头戴饰物把自己打扮得很漂亮的人。古人将对真善美的追求与造字结合起来，传达出自己最质朴的期许。

真

著名教育家陶行知先生有一句名言：千教万教教人求真，千学万学学做真人。陶先生告诉我们，"真"是育人者立教之本，也是被教育者立身之本。

汉字探秘

"真"的大篆"真"上面像是"卜"字，下面像古人使用的一口鼎。字形的本义说法不一，没有定论。比较容易理解的说法是，古人以火烧龟甲这种占卜的方式以辨别真伪。许慎根据小篆中"真"的形状"真"，认为"真"表示仙人登天，本义就是指登天的仙人，称为"真人"。

现代汉语中，"真"与"假"相对，指真实、真切。如"真才实学""真人真事""不识庐山真面目"等。"真"还表示本性、本原，如"天真、纯真"。有时候还用作副词，表示程度很深，如"真好""真热"等。

文化溯源

《红楼梦》中有一著名对联："假作真时真亦假，无为有处有还无。"意思是说，把假的当作真的，时间久了假的会被认为就是真的，而真的却成为假的了。把不存在的东西说成是存在的东西时，那捏造的事实甚至比存在的事实更显得真实。如同故事中的甄（真）宝玉和贾（假）宝玉。历尽世事后返本归真的贾宝玉何尝不是一块"真"正的、珍贵的宝玉，而甄宝玉做官以后，成了人生大赢家，看似成功，与贾宝玉相比，却又入了世俗的套，成了蒙尘的"假"宝玉了。这句对联的背后，是作者面对世事时心中的矛盾与纠结。

南京致远外国语小学分校　朱双

实践运用

　　如今，我们身处喧哗热闹的媒体时代，每天成百上千的信息扑面而来，真假难辨、扑朔迷离甚至以假乱真的事情有很多。我们尤其需要一双慧眼，理性地去分析思考，才能识别真伪，拨云见日。

　　现代教育最本质的属性就在于一个"真"字，教育需要坚决摒弃虚假伪善，以真诚育真人。我们更要在教育者的引导下求真知，说真话，做真人，学真本领，养真道德，追求真理。面对日新月异的、高速发展的时代，更要拥有识别真相的能力与智慧。

中国传统文化中为人处世的一个最大准则就是要"与人为善"。善，现指善意，善良，心地仁厚等意思。从字形来看，我们自然会产生疑问："善"和"羊"有关系吗？

汉字探秘

甲骨文的"善"——"𦍌"，上面是一只"羊"，下面是羊的一双眼睛，刻意强调羊的眼睛，是想突出羊的温顺驯服。随着汉字的演变，更多的版本都认为金文中的"善"——"𦍌"下面是两个"言"，而并非是羊的眼睛。两个"言"，有"争着在说"的意思。人人称道"羊"的温和、柔顺、无私、美好等美德，于是，羊就成了"善良"的化身。古人认为，羊全身是宝，无私奉献：羊肉是最鲜美的食物（"鲜"中有"羊"），羊毛是最柔软的制衣材料，羊皮可做皮衣皮鞋。不仅如此，羊温顺易驯服，还知跪着吃奶以报母恩，这种美好的品性更是一种"善"。你看，古人把"善"和"羊"联系在一起，以"羊"来造"善"字，是不是很有道理？

文化溯源

"善"的本义就是善良。刘备临终留给儿子刘禅的遗训中勉励他"勿以善小而不为，勿以恶小而为之"。他想告知儿子，善是立身之本，不要因为小善，就不去做。小善积多了，就成了有利于天下的大善；相反，不要因为是小恶，就去做。小恶积多了，足以动摇国本，"足以乱国家"。那么，什么是最高的善呢？老子说"上善若水"，意思是最大的"善"像水一样。水润泽万物，顺其自然，不争名利；流到低洼处，忍辱谦下——这种"善"，是真正的善。有道德的人就如这水一样，"上善若水，水善利万物而不争，君子之道也。"

善是人性的本色。《三

南京致远外国语小学分校三3班 冯奕萱

字经》第一句便是"人之初，性本善。性相近，习相远"。意思是每个人刚出生的时候，禀性都是善良的。但是随着后天生活环境、学习环境的改变，人与人的差异就越来越大。因此，我们从小就要好好学习，学会区分善恶，保持善良的本性。

"善"也常用作动词，表示喜好、擅长的意思。如"善合作""善学习"等。

实践运用

育人是一件"善"的事业，面对成长中的少年儿童，老师和家长都要以善为念，培养善良温暖的人。有人说，"善"是成功路上最有效的通行证，你明白其中的缘由吗？

美

美是人最根本也是最终极的精神追求，人们常说"爱美之心，人皆有之"。

汉字探秘

"美"是个象形字。看看它的甲骨文"𦫼"，活脱脱就是一个头戴饰物把自己打扮得很漂亮的人。"美"的本义就是美丽、漂亮、美好。随着字义的衍化，它从具体的"美"延伸到抽象的"美"，如人的品德高尚，叫美德；人的心情得意，叫"美滋滋"。随着字形的变化，"美"上面表示装饰的物件讹变为"羊"的字形，于是"美"成了会意字，"羊大为美"。"羊大"为什么会觉得"美"呢？仔细想想，好像也颇有道理。比如，在视觉上，羊的身体肥胖强壮（大）的姿态，是一种"美"；在味觉上，羊的肉质肥厚

多油（大），当然是人间"美味"；从触觉上，羊大则毛皮厚实柔软，给人带来温暖舒适的感觉，也是一种"美"；从经济效益来看，羊大则可以交换到更多的物品，这种收获的喜悦感不也是一种"美"吗？如此看来，"羊大"为"美"，确实也很有道理。

文化溯源

中国传统文化强调"美"与"善"的统一，美与善有其内在的一致性，人们常用"美"来形容道德的"善"。孔子认为，"里仁为美"，居住在仁德的地方才是最好的，才能得到美。

在古代美学史上，美是形式，善是内容。前面我们在《六艺篇：乐》中介绍过"六乐"到汉代只剩下《大韶》和《大武》。相传，孔子周游列国时，齐国的乐人专门为孔子弹奏《韶乐》和《武乐》。孔子听着动听的《韶乐》，竟然忘记了肉味（"三月不知肉味"即出自此）。结束，有人问孔子，《韶》和《武》哪一乐更好？孔子说："当然是韶乐好，声音旋律都很美，内容也非常好。至于武乐嘛，声音旋律是非常好，但内容还不够好。"（"子谓《韶（sháo）》：'尽美矣，又尽善也。'谓武：'尽美矣，未尽善也。'"）后来，人们用"尽善尽美"形容内容与形式都非常完美，完美到没有一点缺点。用"至善至美"表示最完善，最完美。

实践运用

人人都有一颗爱美之心，追求完美更是每个人本能的追求。台湾著名美学家蒋勋认为，当下社会，美最大的敌人是"忙"。"忙"这个字很有意思，心亡为"忙"，意思是忙碌会让人的心茫然直到死亡。于浮躁不安的当下，我们只有让心慢慢安静下来，才能感受到美，欣赏美好的一切。美学家朱光潜有一句著名的话："慢慢走，欣赏啊！"说的既是对美的态度，又何尝不是对待生活该有的态度。庄子说："天地有大美而不言。"你知道这句话真正的含义吗？

真善美密不可分，是一个人最高的精神价值要求，也是教育永恒的追求。周国平先生说："人类所追求的一切美好的境界，所使用的一切美好的词汇，几乎都可以归结到这三个词。"

南京致远外国语小学分校三3班 汪君仪

第**7**章

季节篇

四季文化　汉字寻根

　　"春有百花秋有月，夏有凉风冬有雪。"一年有四季，景色分明。透过汉字，我们不仅可以想象远古时代先民一年四季不同的生活场景，更能从造字逻辑中体会古人的生活智慧。

　　古人根据草木在春日暖阳中生长的意象创造汉字"春"，依据烈日下汗流浃背的人的形象创造汉字"夏"，以一只蟋蟀的完整形象表示"秋"，以年岁之终和滴水成冰的季节特点来创造汉字"冬"，细细想来，真可谓是妙趣天成，各具智慧。

春

南宋诗人张栻有一著名诗句"春到人间草木知",意思是春天到来,草木最先知晓。"春"这个汉字的诞生是否也与草木有关呢? 这一讲我们一起去了解"春"这个汉字的演变过程,在汉字生机勃勃的活力中,一起感受春季的美好。

先来猜个字谜,谜面是:三人同日来,喜见百花开。(打一字)

猜字谜自古以来就是文人雅士们非常喜爱的一项游戏,不仅可以锻炼我们的思维,更能获得一种豁然开朗的愉悦体验。

你知道吗? 猜字谜是有技巧的,其中最常用的一种方法叫"离合法",就是将谜面中两个及以上的汉字组合成谜底。比如,谜面中的"三人同日来",我们可以将"三"+"人"+"日"进行组合,就成了汉字"春";后半句"喜见百花开"是为了帮助理解并确定谜底,春天到了可不就是"喜见百花开"吗? 所以,谜底就是"春"。聪明的你猜对了吗?

汉字探秘

"春"这个汉字为什么写成"三人同日来"的模样？古人是怎么造出这个字的？原来，远古时代人们就发现，春天一到，阳光变得柔和温暖，草木萌芽生长，春暖花开，万物显出勃勃生机，于是，就根据草木等植物在春天的生长变化创造了"春"这个字。

甲骨文的"春"，由左右两部分组成。左边上下是草木刚生长出来的形状，中间是个"日"，表示草木在阳光下发芽生长；右边是一棵嫩芽艰难地冲破土壤的阻挠长出地面的样子，是"屯"的本义。"屯"不仅指春天草木嫩芽穿透地面冒出来的样子，也是"春"字的声符。因此"春"是会意兼形声字。

小篆的"春"（），艸（草）在上，日在下，屯在中间。由温暖的"日"+生长的"艸"+嫩芽破土的"屯"三者组合，意味着春回大地，万物生长，这就是"春"这个字的由来。很显然，"春"的本义就是指阳光回暖，草木萌动生长的时节。

到了隶书，汉字发生了隶变，上面的"艸"和"屯"都变了形，成了"三"和"人"的字形组合，只有下面的"日"还在。现在"春"这个字，已经看不到一点草木生长的样子了。尽管字形发生了很大的变化，但它表示草木初生、一年之始的本义一直沿用至今。

篆书	隶书	楷书	行书	草书

此书法由南京市游府西街小学廖哨兵老师书写

文化溯源

　　春天的景色叫"春色""春光"；迎接春天贴的门联叫"春联"；春天出去踏青游玩叫"春游"。很多诗句也盛赞春天草木生长的蓬勃生机，如"春到人间草木知""春到江南花自开""春江水暖鸭先知""最是一年春好处，绝胜烟柳满皇都"。其中宋代诗人朱熹的《春日》尤其脍炙人口："胜日寻芳泗水滨，无边光景一时新。等闲识得东风面，万紫千红总是春。"

　　春动草萌芽，经过万物凋零的漫长冬日，大地升温，万物萌动，这是生死轮回的又一次重新开始，是又一轮新生命的开端。所以古人以"春"作为一年之始，四季之首。后来"春"也常被借用为"年"的代名词，如"一卧东山三十春"，"三十春"即三十年。人们还用"春"来比喻新的生机，比如用"妙手回春"来赞美医生医术高明，让人起死回生。女子对异性产生好感，思慕婚嫁，也说成"少女怀春"。古人还把历史叫作"春秋"，一句"甘洒热血写春秋"道出的是壮士的满腔豪情。

　　有人会问，"愚蠢"的"蠢"上面是个"春"，它跟春天有什么关系呢？其实，"蠢"是个形声字，下面的两条"虫"表意，上面的"春"是声符，同时也表示春天来临，虫类就从冬眠中苏醒过来慢慢地爬动。这个字的本义就是指爬虫蠕动的样子，如"蠢蠢欲动"。"蠢"后来被引申为迟钝、愚笨的意思，如"愚蠢""蠢笨"等。

　　形容春天的成语举不胜举，"春和景明"意思是春光和煦，风景鲜明艳丽。"如坐春风"意思是受到良师的教诲、熏陶，就好像置身于春风里一般舒服。"春风得意"形容称心如意的样子。"寸草春晖"源自孟郊著名的诗句"谁言寸草心，报得三春晖"，借小草与阳光，赞美无私的母爱，比喻父母恩情子女难以报答。你还知道哪些跟"春"有关的成语呢？

　　描写春的经典名作有很多，除了诗歌，现代作家朱自清的散文名作

《春》，是一部"驻满诗意"的"春的赞歌"——"盼望着，盼望着，东风来了，春天的脚步近了。一切都像刚睡醒的样子，欣欣然睁开了眼。山朗润起来了，水涨起来了，太阳的脸红起来了。小草偷偷地从土里钻出来，嫩嫩的，绿绿的。园子里，田野里，瞧去，一大片一大片满是的。坐着，躺

南京致远外国语小学分校二3班　赵凌霄

着，打两个滚，踢几脚球，赛几趟跑，捉几回迷藏。风轻悄悄的，草软绵绵的……"你听，诗意的文字道不尽春的美好。这些耳熟能详的名句几乎成了一种文化符号，融入我们每个中国人的血液之中，这样的经典名作大家一定要去好好读一读。

　　一年有四季，春季从立春开始，到立夏结束。分孟春、仲春和暮春。孟春指春天的第一个月，包含两个节气：立春和雨水；仲春指农历二月，包含惊蛰和春分两个节气；暮春指阴历三月，包含清明和谷雨两个节气。阳春三月说的就是暮春时节，春季中最美丽的一段时光。

实践运用

　　从字形的角度，我们重新认识了"春"这个汉字，知道了这个汉字本身就包含着阳光和煦、草木生长、百虫萌动的意思，课后不妨参考"春"的原形，创作一幅形意兼备的汉字风景画，一定非常有趣。

第二十六讲

夏

这一讲我们一起去了解"夏"这个汉字的由来，去感受夏季的热烈与美好。

开讲之前，我们继续玩一个猜谜游戏：各自住口求一致（打一字）。这个谜面表面是说希望大家停止争论，求得一致的意见。但是从猜字谜的角度，我们就需要用到上一讲介绍的"离合法"，对谜面提供的汉字信息进行拆分和组合。如谜面中的"各自住口"可以将"各"和"自"进行组合，"住口"可以理解为将"口"去掉，加上后面的"求一致"，"一"＋"自"＋"夂"就组成了汉字"夏"。你瞧，通过拆分、增减、组合等方法，很快就可以猜到谜底——夏。聪明的你猜对了吗？

炎热

汉字探秘

　　夏天特别炎热，今天我们看"夏"这个汉字，上下两部分却找不到一点与夏天有关系的信息，古人到底是按照什么逻辑创造这个汉字的呢？我找到了"夏"的甲骨文，上面是一个"日"，下面是古文字中经常出现的人形，这就是一个"太阳当头照，人在烈日下"的形象，这下你能理解了吧？

跪着的人　　　　　　日　表示太阳

　　古人正是借此表达这段时间烈日当空，天气奇热。由此看来，"夏"的本义就是指"炎热的暑天"。可是，金文的"夏"（🦏），只剩下一个放大的人形：上面是头部，中间是躯干，两侧是双臂，下方是双脚，而且头部特别大。

　　小篆的"夏"（🦏）人形又有了简化，只有头部、双臂和双脚。隶变（夏）之后，"人的形象"变得不明显，上半部分像"页"又像"首"，表示人的头部；下半部分其实是一个"止"，就像人的脚。这就是"夏"这个字演变的过程。

　　从这个字的演变上来看，因为上面没有了炎炎烈"日"，很多学者认为"夏"跟"季节"没有关系，认为"夏"的本义就是指人，哪里的人呢？许慎在《说文解字》中认为，"夏"的本义是"中国之人"，也就是当时中原一带的人。后来被假借为"夏天"的"夏"，这一观点得到很多专家学者的认同。

文化溯源

　　大禹建立了历史上第一个封建王朝——夏朝。后来，"华夏"成了中国的代词，我们中国人也自称"炎黄子孙""华夏儿女"。"夏"还有"大"的意思，杜甫的名句"安得广厦千万间"，其中的"广厦"就是"广夏"，大房子的意思。流沙河先生据此认为，夏季万物生长，所以为大，称为"夏"。虽然他自己也承认这样的解释有些牵强附会，但也不失为一种理解。我觉得，根据甲骨文"人在烈日下"的字形，更能看清楚古人造"夏"这个字的意图和智慧。

　　说到"夏"，我们会自然想起"骄阳似火、烈日炎炎、汗流浃背、挥汗如雨"等词语。"暑"最能表达这样的意思，这是个会意字，上面是烈日，下面的"者"是"以火烧煮"的意思，表示"热"，所以人们用"盛夏酷暑"表示炎热的夏季。因为炎热导致的疾病叫"中暑"；"伏"这个字，本义是"人犬在打猎中潜伏不动"，古人认为最热的那段时间，人也应该

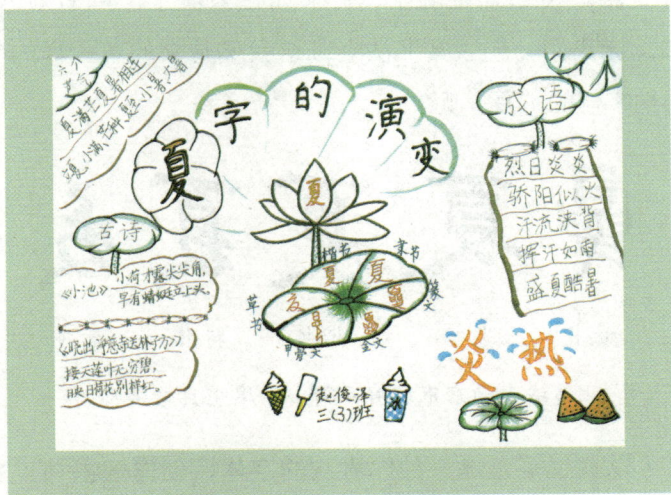

南京致远外国语小学分校三3班　赵俊泽

"伏"着好好休息，所以叫"三伏天"。

夏天是文人墨客最爱的季节。杨万里《小池》中的"小荷才露尖尖角，早有蜻蜓立上头"，《晓出净慈寺送林子方》中的"接天莲叶无穷碧，映日荷花别样红"；范成大《四时田园杂兴》中的"梅子金黄杏子肥，麦花雪白菜花稀"；唐代诗人高骈《山亭夏日》中的"绿树阴浓夏日长，楼台倒影入池塘"，这些都是盛赞夏日美景的诗句。你还知道哪些描写夏日美景的诗句？

夏是四季中的第二个季节，从立夏开始，到立秋结束。夏天也分为三个阶段，分别是孟夏、仲夏、季夏。包含6个节气，即"夏满芒夏暑相连"：立夏、小满、芒种、夏至、小暑、大暑。过了大暑，夏天结束，就将迎来凉爽的秋天了。

实践运用

走近汉字，方能得其趣；书写汉字，方能得其美。篆书圆润遒劲，隶书质朴古雅，楷书工整端庄，行书如行云流水，草书则迅急如风，潇洒自如。让我们一起欣赏书法老师给我们带来的不一样的美。你最喜欢哪一种字体的"夏"呢？

篆书　隶书　楷书　行书　草书

此书法由南京市游府西街小学廖哨兵老师书写

你也可以拿起笔，选一种你喜欢的字体，创作一幅与"夏"有关的书法作品，与大家一起分享。

秋

美丽的秋天，色彩艳丽，禾谷成熟，让我们一起走进"秋"的故事。

汉字探秘

"七月在野，八月在宇，九月在户，十月蟋蟀入我床下。"这是诗经《国风·豳风·七月》中的名句。先民们在生活中发现，"秋风起，蟋蟀鸣"，蟋蟀鸣叫，意味着天已入秋，可以说蟋蟀是秋之虫。聪明的古人干脆画一只蟋蟀表示抽象的秋天。甲骨文的"秋"就是一只完整的蟋蟀的形象：头上有触须，身上有斑纹，背上有

正在振动的翅膀，甚至还有强劲有力的后腿。就连"秋"这个读音，大概也是从蟋蟀的叫声"喓喓"拟声而来。由此可见，秋的本义就是指蟋蟀鸣叫的季节。

甲骨文的"秋"还有一种版本，一只蟋蟀的下面加了一团"火"。这是为什么呢？有几种不同的解释：一种认为，用一只虫子的形象还不足以表达清楚"秋"这个时节，怎么办呢？人们看到秋天一到，枫叶红，稻谷黄，于是给这个字加上一团"火"，来表示秋天里红色黄色等鲜明的色彩像火一样。

另一种解读更通俗，认为这就是"火烧蝗虫"的形象。古时候秋收之时常有蝗灾，蝗虫有趋光性，人们便燃起大火，让蝗虫扑光而死。禾苗成熟时，用火消灭蝗灾，那段时节叫"秋"。

字源网则认为，蟋蟀下面加上火，表示秋天收获谷物之后，用火烧秸秆，顺便灭除虫害。你觉得哪一种解释更合理呢？

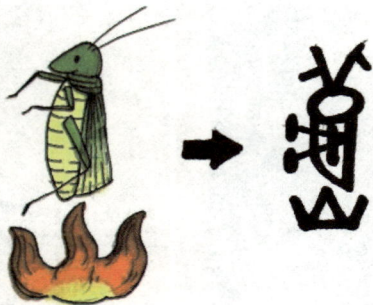

甲骨文	篆文	隶书	楷书

秋天是个收获的季节，"一只蟋蟀"+"一把火"好像还不能表达清楚这样的意思，后来人们又给"秋"加上了"禾"，表示秋天一到，禾谷成熟。这样，抽象的"秋"就有了更为清楚形象的表达，可是笔画繁多，字形也越来越复杂。小篆进行了简化，去掉了其中蟋蟀的形象，只留下了"火"和"禾"，形成"烁"这个字（"火"在左，"禾"在右），直到汉隶才写成今天我们常见的汉字"秋"！你看，古人造一个表达抽象意义的汉字是多么不容易。

文化溯源

　　尽管"秋"这个汉字中不见了蟋蟀的形象，但是"蟋蟀"在中国文化中却成了一个特殊的文化符号。我国民间"斗蟋蟀"的活动历经唐宋明清，可谓经久不衰，上至达官显贵，下至普通百姓，都趋之若鹜。叶绍翁的《夜书所见》中就有"知有儿童挑促织，夜深篱落一灯明"。诗中的"促织"就是蟋蟀。陆游在《秋兴》中说："蟋蟀独知秋令早，芭蕉正得雨声多。"蟋蟀声起，便带来了秋天的消息。而芭蕉叶上，最能听得雨声的淅沥。

　　蟋蟀在现代文人笔下还染上了游子的乡愁。台湾诗人余光中《蟋蟀吟》中一句"就是童年逃逸的那只吗？一去四十年又回头来叫我？"读来不禁让人潸然泪下。流沙河先生读后创作了经典名篇《就是那一只蟋蟀》，诗中写道："就是那一只蟋蟀，在你的记忆里唱歌，在我的记忆里唱歌，唱童年的惊喜，唱中年的寂寞，想起雕竹做笼，想起呼灯篱落，想起月饼，想起桂花，想起满腹珍珠的石榴果，想起故园飞黄叶，想起野塘剩残荷，想起雁南飞，想起田间一堆堆的草垛，想起妈妈唤我们回去加衣裳，想起岁月偷偷流去许多许多……"你可以把这两首诗找出来读一读，去体会诗人借蟋蟀秋意表达的满腔乡愁。

南京致远外国语小学分校三3班　汪君怡

愁：秋意阑珊，秋风扫落叶，多愁善感的中国人总会触景生情，无端地生出许多愁思来。"秋"+"心"就成了"愁绪"的"愁"。宋朝词人吴文英的《唐多令》中如是说："何处合成愁，离人心上秋。"古人"悲秋"的作品有很多，其中元代马致远的《天净沙·秋思》最为有名："枯藤老树昏鸦，小桥流水人家，古道西风瘦马，夕阳西下，断肠人在天涯。"你读过吗？你还读过哪些描写秋天的古诗呢，除了"悲秋意"，有没有"赞秋色"的诗歌呢？你可以做个分类整理并推荐给同伴。

和"春"一样，古人也常借"秋"表示一年的时光，如"一日不见如隔三秋"这里的"三秋"指三年，说的是思念之深。"秋"还表示一段特殊的时期，如"多事之秋""危急存亡之秋"等。

秋天从第一片落叶开始，立秋之后天气便从热转凉，从凉转冷。秋天一般包括农历七月到九月，分为初秋、中秋和晚秋三个阶段，其中农历八月十五为中秋节，因为那一日的月亮最圆最亮，所以又是中国人最重要的团圆节。秋天包含6个节气：秋处露秋寒霜降（立秋、处暑、白露、秋分、寒露、霜降），霜降之后就将进入寒冷的冬天。

最后让我们一起欣赏书法老师笔下的"秋"，在书法作品中感受汉字文化的独特魅力。

秌	秋	秋	秋	秋
篆书	隶书	楷书	行书	草书

此书法由南京市游府西街小学廖哨兵老师书写

冬

四时轮回，春为始，冬即"终"。"冬"字的本源与"终"有关吗？这一讲我们一起看看古人是怎么用一个字说清楚冬这个季节的。

汉字探秘

春生夏长秋收冬藏。冬天农事结束，一方面人们贮藏粮食蔬菜以"过冬"，另一方面人们也休养生息，补气"猫冬"，以备新一年劳碌。

冬是一年的结束，四季的终结。用怎样的符号来表达这个抽象的意思呢？古人很聪明，他们借用"丝线或绳头打结"的形象来造字。甲骨文的"冬"（𐎤）和金文的"冬"（𐎫）都好似一根绳线的两端各打了一个结，表示终端、结束的意思，由此可见，"冬"的本义是"终结"。

在使用的过程中，人们发现仅仅用绳线打结来表示冬季，好像欠缺了

时间的概念。于是金文另一版的"冬"有了改进：人们在绳结中放了一个表示时间的"日"（⊟），还是一个被遮住的光线微弱的"日"，用来表示冬季。

小篆中，这个字又有了进一步改善，写作"☖"：两个绳结写起来太麻烦，就用一根横线来代替。冬天最大的特点就是寒冷，天寒地冻，冰凌高挂，去掉了表意不明的"日"，而在下面增加了一个冰的字符"仌"，表示这是一年的结束，同时也是滴水成冰的季节。这样"冬天"这个季节的意思就很清楚了。

后来汉字发生隶变，下面的"仌"演变成了两点，成了现在常见的"冬"字。你看，汉字演变的过程，其实也是不断完善与改进的过程，尤其是表示抽象事物的汉字。

篆书	隶书	楷书	行书	草书

此书法由南京市游府西街小学廖哨兵老师书写

"冬"下面的两点其实是汉字"冰"的甲骨文（见下图），表示水遇冷凝结，形成了凸起的冰块。小篆的时候，才在原有字形的右边增加了"水"，表示"冰是由水遇冷凝固而成的"。后来"仌"成了偏旁"冫"，俗称"两点水"，含有"仌"或"冫"的字大多跟寒冷有关，如"冬、寒、冷、冻、凉、凌"等。

甲骨文	金文	篆文	隶书	楷书

文化溯源

　　说到冬天，我们立即会想到"北风呼啸、瑞雪纷飞、天寒地冻、滴水成冰"的寒冷；想到"千山鸟飞绝，万径人踪灭"的寂寥；也会想到"忽如一夜春风来，千树万树梨花开"的壮观；想到岁寒三友"松竹梅"傲立寒冬给我们带来的无穷力量："大雪压青松，青松挺且直。要知'松'高洁，待到雪化时"；"墙角数枝'梅'，凌寒独自开。遥知不是雪，为有暗香来"；"咬定青山不放松，立根原在破岩中。千磨万击还坚劲，任尔东西南北风"。

　　"冬雪雪冬小大寒"，从立冬开始到来年立春结束，冬天也包含六个节气：立冬、小雪、大雪、冬至、小寒、大寒。

南京致远外国语小学分校三3班　冯亦宣

　　冬至过后民间有进九的说法，《九九歌》非常形象地写出从冬走向春的过程：一九二九不出手，三九四九河上走，五九六九沿河望柳，七九河

开，八九雁来，九九又一九，耕牛遍地走。其中最冷的一段时间就是"三九天"，因此有"夏热三伏，冬冷三九"的说法。

实践运用

　　中国北方流传的"九九消寒图"是一项寓教于乐又别有雅趣的汉字游戏。全图由九个汉字组成："亭前垂柳珍重待春风"。有趣的是，每个字都是九笔。于是，自冬至开始，每天描红一个笔画，每过一九完成一字，九个字全部描完，九九结束，春回大地，耕牛遍地，"九九消寒图"也大功告成，这样的方式也叫"写九"或者"画九"。这项有趣的游戏既可以对孩子进行识字、写字和有关农时知识的启蒙教育，也能看出古人在严寒的冬天盼望春天到来的智慧与雅兴。如果你有兴趣，你也可以制作一幅"亭前垂柳珍重待春风"的九九消寒图，待到冬至，在一日一笔的描画中静待春天的到来吧！

　　从抽象的季节到具体的汉字符号，"春夏秋冬"字字精妙。岁月不居，四时流转，愿我们都能感受春夏秋冬四季的美好。

南京致远外国语小学分校四1班　刘雨凝

第 8 章

五行篇

五行合一　相生相克

　　金木水火土，这五个简单的汉字背后有着怎样的秘密，它们之间有没有某种神秘的联系呢？

　　在古人眼中，世间万物都是由金、木、水、火、土这五种基本元素组成。其中，木能生火，火能生土，土能生金，金能生水，水能生木；木能克土，土能克水，水能克火，火能克金，金能克木。它们之间既互相促进，又互相牵制。这就叫相生相克。而表现它们之间互相运动变化的关系，称之为五行。

　　古人把用来制作箭或斧的金属称为"金"，依据树的形象创造汉字"木"，以流动的河流表示"水"，以一堆正在燃烧的柴火冒出的三股火焰表示"火"。"土"呢，在甲骨文中则是个标准的小土堆。慢慢品味，我们不禁为古人的智慧喝彩。

金

五行文化，历史悠久，内涵丰富。五行中的汉字有何奥妙呢？先来探究五行之"金"。说到"金"我们首先想到的或许是闪闪发光的黄金，那么"金"的构字和黄金有什么关系呢？

汉字探秘

从字源来看，最早的"金"出现在金文，左边像两块散落的铜饼（或者金属块），右边是用金属制作的器具，器具的上面是"矢"，表示箭，下

金　　金　　金　　金

金文　　小篆　　康熙字　　楷书

面是"斧"的形状。因此"金"是会意字，表示"可以用来制作箭或斧的金属"。由此可知，"金"的本义并非指黄金，而是青铜一类的金属。

我们常说的"金文"就是指青铜器上的铭文。小篆的"金"将左边的两个金属块置入右边的器物之中，隶变之后便成了现在的"金"这个汉字。后来造"铜"字，左边金字旁表示这是一种"金属"，右边"同"表示读音，也表示最初的"金"与"铜"同义。

许慎在《说文解字》中认为，"金"是白、青、赤、黑、黄五色金属的总称。黄金是它们的代表。他认为，上面是"今"的字形，表示读音；下面是"土"，表示金属产生于土中，左右两点表示两个金属块散落在土中的样子。

现在我们知道，"金"泛指金属，用作金属类的字多以"钅"为偏旁，如被称为"五金"的"金银铜铁锡"都是"金"旁。而金属的质地都比较坚硬，因此"金"又被引申为坚固的事物，如"固若金汤"中"金"指金属造的坚固的城墙，"汤"指灌满滚水的护城河。意思是防守非常坚固，不易攻破。

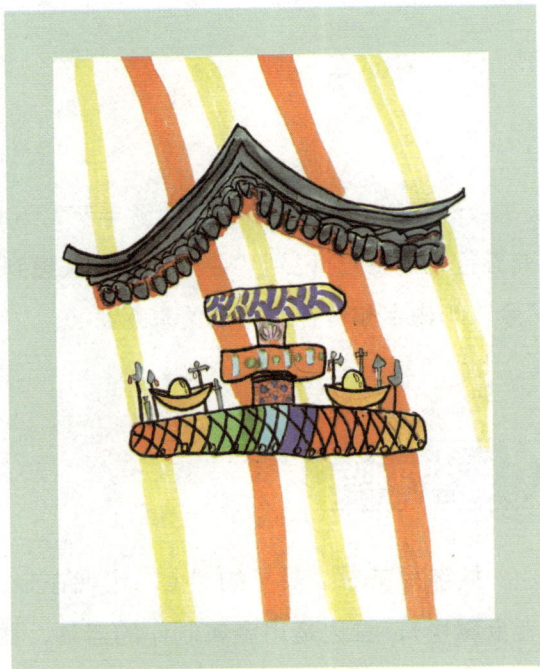

南京致远外国语小学分校四1班　李梓璇

文化溯源

战场上，用来指挥军队撤退的"金"是一种铜制的乐器，名叫"钲 zhēng"。其形状像钟，但比钟狭长，上方有柄，可以悬挂。一旦敲响这种乐器，意味着战斗结束，双方各自撤退。有人会问为什么用"鸣金"来"收兵"呢？一方面，因为这种铜制的乐器声音清脆，穿透力强，传播距离远，以此为撤退的信号，便于士兵清楚听见。另一方面，古人认为世间万物都是由金、木、水、火、土五种基本元素组成，它们可以代表方位。"金"对应的方位是"西"，西方象征着收敛。所以用"鸣金"作为战斗结束收兵的统一信号。

现在，"金"多指钱，如"现金""奖金""罚金""佣金""助学金"等。黄金曾作为货币通用，是财富的象征，因此后又引申为"尊贵、珍贵"，如"金口玉言"指皇帝说出的话；"金枝玉叶"指出生高贵的皇族子女。

金钱固然重要，比金钱更重要的莫不过信义。《史记》中曾记载有个人名叫季布，说话做事非常讲信用。只要他答应的事，无论遇到多大困难，都会设法办到。因此民间流传"得黄金百斤，不如得季布一诺"，这就是"一诺千金"这个成语的由来，告诉我们为人处世，说话要算数，言而有信，言出必行。

实践运用

古代五行文化中，"金"并不是指黄金，上古时候科学不发达，物质分类与今天不一样。人们把坚固、凝固的事物归属为"金"，代指物质世界中有坚固性能的事物。同时，金属多为冶炼而成，且多用于杀戮，因此"金"也用于指具有肃杀、收敛等性质的一些现象。如唐代陈子昂的诗句"金天方肃杀，白露始专征"。其中，"金天"就是指"秋天"，秋季于五行属金，万物收藏主肃杀。现在也把"秋天"说成是"金秋"。你还知道哪些与"金"有关的诗句或故事呢？

五行文化中"金"表示聚敛，"木"指什么呢？为什么会有"金克木"的说法呢？

汉字探秘

从字源来看，"木"是典型的象形字。甲骨文和金文都是一棵树的形象：上面是伸展出去的树枝，中间是粗壮的树干，下面是树根。小篆的"木"上下笔画变得圆润整齐，隶变之后变成今天楷书的形状——"木"。

甲骨文	金文	小篆	楷书

　　"木"的本义就是指树木，如"乔木、灌木、草木"等，后来也成了木材、木制品的代称，如"木已成舟""木偶""木马"等。有时候还代指树叶，如"无边落木萧萧下，不尽长江滚滚来"中的"木"就是指树叶。后来还引申为不灵敏，不灵活，如"麻木、木讷"等。"木"作为木本植物的统称，它还是一个偏旁字。凡以"木"为偏旁的汉字，大多跟树木有关，如"桃、李、杏、梨、柿"，等等。

　　根据"木"的象形，人们造出许多与之相关的汉字。如"木"的下面加了一个圆点，强调"树的根部"，写作 ，这就是"根本"的"本"。像这样，用指示性的符号表示意义的造字法，我们称为"指事"字，"本"是一个典型的指事字。随着字形的演变，根部的圆点慢慢变成了短横，成了现在"本"的字形，表示树木之根。"无本之木"就是说没有根的树，后来形容没有基础，注定不会长久。"本"还被引申为根源、根本，事物的根基或主体，如"本部""本体"等。

　　与"本"相对的"末"也是指事字。 是在"木"的上部加了一个短横，表示树梢的部位。由此引申为末尾、末端。"本末倒置""舍本求末"等成语是说把主要的和次要的放颠倒了，把根本的当成了枝节，把枝节的当成了根本，不去追求最根本的东西，反而去关注无关紧要的枝节。

文化溯源

　　俗话说"独木不成林"，意思是一棵树成不了树林，比喻个人力量有限，成不了大事。而并排而立的两棵树则为"林"，俗称"双木林"。因此，"林"是会意字，本义就是"树林"。中国传统文化讲究中庸平衡，不鼓励个体的突出与冒进。"木秀于林，风必摧之"，意思是单棵树木若过于高大，高出整个树林，会被大风先吹倒。人们用这个成语比喻才能或品行出众的

人，容易遭人嫉妒。当然，随着时代的发展，人们对这种文化的认知也在发生改变。"林"再多一"木"，变成了树木丛生的"森"。甲骨文的"森"是三"木"并列，到了小篆，为了字体的美观，才演变为一"木"在"林"上的方块字"森"。

杜甫《蜀相》一诗中的"丞相祠堂何处寻，锦官城外柏森森"，这里的"柏森森"说的就是翠柏成林、气象不凡的锦官城外便是诸葛丞相的祠堂所在地。因为森林中树木茂密，光线幽暗，"森"又引申出阴暗的意思，如"阴森""等级森严"等。人们还常用"只见树木，不见森林"批评一个人目光狭窄，没有大局观，只看见局部，看不到整体。

南京致远外国语小学分校四1班　姚涵熙

实践运用

　　古代五行文化中，人们根据"木"枝条伸展、柔和，能屈能伸等特性，将具有生长、升发、舒展等性质或作用的事物和现象，都归属于"木"。因为春天万物复苏，植物萌芽，树木向四面伸展，因此春属木，称为春木。木还代表东方，东方是太阳升起的地方，清晨太阳升起，万物开始活动，因此东方属木，称为东方木。

　　五行中，金和木有什么样的关系呢？五行文化认为，事物与事物之间，既相互促进，也相互抑制，既相生又相克，这样才有了万事万物的平衡和谐。"金"可以制作各种用于切割的器具，如斧子等，这些器具可以砍伐"木"。刀可砍树，钢可克柔，所以在五行相克中，有了"金"克"木"的说法。你在生活中听说过这种说法吗？你认为"金"为什么和"木"相克呢？

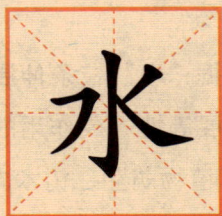

五行中"金"和"木"相克，那么"水"有怎样的特质呢？

汉字探秘

　　水是生命之源，为了生活方便，远古先民们早就知道"逐水草而居"。于是先民根据水的象形，创造了文字"水"。现在看来，"水"的字形不仅优美还充满智慧。用流沙河先生的话说："不是画一碗水一盆水一池水，而是观察动态的河流，以把握水之意象，所以造型活泼，灵气盎然。"

　　看着甲骨文"水"，仿佛看到一条流动的河流，中间弯曲的一笔仿佛湍

| 甲骨文 | 金文 | 小篆 | 楷书 |

急的主流，左右两侧水流较缓，三笔如同断流，又像是水流中溅起的浪花，极具动感。小篆中左右两侧三笔变成两笔，形态更为优美阴柔。

　　从这样的字形可以看出，"水"强调中间的主流，因此"水"的本义就是汹涌的河水。后来所有与水相关的汉字，如"江河湖海洋"等都有个表示"水"的"氵"旁。

甲骨文　　小篆　　楷书

　　在甲骨文中，与"水"的字形最为相似的是"川"。在"水"的两侧各加了一笔表示两岸，从字形便知"川"的本义指河道、水道，后来也泛指河流。因此，"川"是会意字。到了小篆，去掉了中间的四点，变成三条弯弯的线条，好像"众水奔流"的样子。

　　"川"是我国西部的四川省的简称。从字面上理解，四川确实有金沙江、岷江、沱江和嘉陵江等四条主要河流。但是，有人考证，"四川"的由来也并非因为这四条河流。北宋咸平四年（1001年）分西川路为益州、利州二路，分峡西路为夔州、梓州二路，总称"川峡四路"，简称"四川"。在"高山大川""百川归海"等词语中，"川"都是指河流。有河流的地方都会有平地，所以"川"又指山间或高原上平坦而地势低的地带，即平川，如"一马平川""八百里平川"。因为水流日夜不息，又引申为来往不断的意思，"川流不息"形容车马行人像水流一样连续不断。

甲骨文　　金文　　小篆　　楷书

　　更有意思的是，古人在"川"的字形中间增加了几个小圆点，表示河

流中泥沙沉积，形成的一小块一小块陆地。这个字就是"州"，因此"州"的本义就是指水中陆地。许慎也解释为"水中可居者曰州"。中国古时候被称为"神州"或"九州"。后来"州"也成了一种行政区划，如江苏就有扬州、泰州等。后来人们又用加上水旁的"洲"来表示水中大块陆地，如亚洲、非洲、欧洲、北美洲、南美洲、大洋洲、南极洲等，因为这七大洲都是由陆地和岛屿组成，周围都是大海。

文化溯源

水是无私、润泽、谦逊、包容、坚韧等品行的象征，是中国传统的道德追求，给人以力量。"上善若水"是一种境界，意思是至高至善的品行就像水一样，滋润万物却不争名利。"海纳百川"是一种大度，意思是为人处世要像大海一样，胸怀宽广，能够包容很多人和事。"滴水穿石"是一种毅力，意思是要像水滴穿石头一样，持续不断地努力，有恒心有毅力一定能取得成功。"从善如流"是一种智慧，意思是听从别人高明、正确的意见和建议就像水从高处流下来一样顺畅，形容乐于接受别人提出的正确意见。"水能载舟，亦能覆舟"是一种警示，形象地阐述了百姓和君王统治之间的因果关系。孔子站在川上

南京致远外国语小学分校四3班　魏嘉芊

说的"逝者如斯夫，不舍昼夜"是一种人生感慨，意思是时间像流水一样不停地流逝，一去不复返，告诫我们世事变化太快，要懂得珍惜时光。

实践运用

　　古代五行文化中，人们根据"水"滋润、下行的特性，将那些具有滋润、下行、寒凉、闭藏等性质或作用的事物和现象，都归属于水。五行中，水表示方位，代表北方，称为北方水；表示季节，代表冬天，称为冬水。前面我们介绍了五行中的金和木，它们和"水"之间有怎样的相生相克呢？金靠水生，金销熔之后也可变成水，所以"金生水"，水温润而让树木生长，所以"水生木"。

　　这一讲我们介绍了中国文化中的"水"，了解了和水密切相关的"川"和"州"的字源，初步探究了五行中"水"的含义。你能从字形上说说"水、川、州"等汉字之间的联系和区别吗？

南京致远外国语小学分校四3班　黄熙宸

火

火

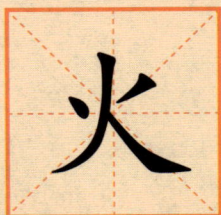

东方"木"，西方"金"，北方"水"，各有奥妙也各得其趣。这一讲学习五行文化中代表南方的"火"。

说到火，也许你会想到中国先民钻木取火的传说，或者西方神话中普罗米修斯盗火的故事。有了火，原始人类可以驱寒取暖，驱赶野兽，人类也因此进入熟食时期——围着篝火，人类渐渐形成了族群，最后形成了社会；使用火种，人类创造了武器和工具，推动了人类的进化，加速了文明的进程。

汉字探秘

"火"是象形字，甲骨文的"火"像一堆正在燃烧的柴火冒出的三股火焰。到了今天，尽管"火"的字形已经完全改变，但是上面的"三头火苗"依稀可见。在汉字构字体系中，凡跟"火"有关的字，一般都用"火"

做偏旁，如"烧、烤、烘、炒"等。以"火"为底的字慢慢演变为"四点底"，如"煮、煎、熬、蒸"等。这些汉字都跟"火"以及使用火有关。

| 甲骨文 | 篆书 | 隶书 | 楷书 |

由此，大家很容易就能看出"炎""焱""燚"都是会意字。上下两把火是"炎"，表示大火燃烧时火光冲天的样子。"炎"的本义就是大火，后引申为"灼热"，在"赤日炎炎似火烧"中，形容太阳的灼热。在"发炎、炎症"中表示病毒感染后，人体内呈现出发烧的症状。上下三把火是"焱"，同"焰"，表示火花、火焰的意思。上下四把火读"燚"（yì），指火燃烧的样子。有趣的是，后来人们干脆用"火炎焱燚"这个成语来形容火势越来越猛。

| 甲骨文 | 篆书 | 隶书 | 楷书 |

光：有了火，也有了光。"光"也是一个会意字，"光"的甲骨文下面是一个跪坐的人形，上面是燃烧的火焰。表示人高举火把用来照明。"光"的本义就是光明、光亮，如"日光、月光、灯光、火光"等。后来引申为光荣、光彩，如"增光添彩""发扬光大"等。美丽的景色明亮光鲜，所以风景也叫"风光"。

"光"的字形由"火"和"人"构成，也有学者认为，"光"还隐含着这样的意思：古时候取火不易，为了不让火熄灭或蔓延，要派专人看守并保护火种。火种一般存于木柴树枝燃烧后留下的余烬中。

现在我们将粉尘说成"灰"，如"粉笔灰、石灰、烟灰、骨灰"等，而

"灰"的本义指的正是烧过的柴火余烬中留下的火种。篆文中的"灰"（灵）上边是一只手的形状，好像正在呵护着下面的"火"种。因此"灰"的本义是指"活的灰"，可以复燃的灰。后来常用"心如死灰""灰心丧气"这两个成语来比喻丧失信心、意志消沉。人们还用"灰"表示介于白、黑之间的灰色。

古时候山里有专门以烧炭为生的人，篆文的"炭"（岚）的字形上面是山，下面是火，中间是"厂（ān）"。这里的"厂（ān）"是声符。

又常有人问："黑"下面为什么也有一把"火"？篆文的"黑"（㸒）下面是两把火的"炎"，上面是个窗户形状。大火燃烧之后浓烟升腾，将窗户熏成的颜色叫"黑"。大诗人白居易对"卖炭翁"的描述非常形象，"满面尘灰烟火色，两鬓苍苍十指黑"，常年烟熏，生活凄惨，怎不是"满面尘灰""十指黑"呢？

文化溯源

火的发现与使用成了人类和其他生物区分的重要标志。可以说，火创造了人类世界。火的使用让人类从茹毛饮血一下子进入了熟食阶段。汉字"炙"的上面是一块"肉"，下面是一把火，一看便知道"炙"就是烤肉的意思。"脍炙人口"原意就是指烧熟的烤肉人人爱吃，后来形容诗书文章受人欢迎。汉字"然"的金文和小篆都是左边为"肉"和"火"，右边是"犬"，表示烤肉时香味四溢，狗儿循着香味而来。

中华文化中有文字记载用火的历史始于燧人氏，是可以考证的第一位发现火使用火的祖先。相传旧石器时代燧人氏生活在现在的河南商丘一带，因此商丘被认为是中国火文化的发祥地。

南京致远外国语小学分校四2班　裴雪辰

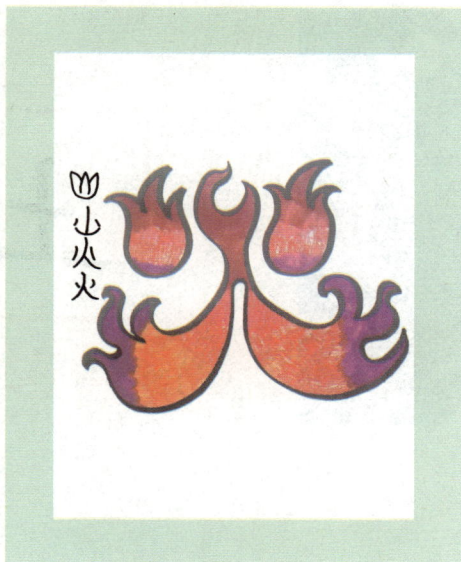

南京致远外国语小学分校四2班　王璐扬

实践运用

　　五行文化中，"火"是一团向上升腾的气，给人的感觉就是一股热浪，灼热逼人。人们把凡具有温热、升腾作用的事物，均归属于"火"。五行中火可以表示方位，代表南方，称为"南方火"；火表示季节，代表夏季，称为"夏火"。在我们的生活中，人生气的时候感觉一团愤怒的气息升腾向上，因此叫"火冒三丈"；人热情的时候积极而殷勤，给人温暖，因此也说"热情似火"。人们生活富裕，日子舒畅，叫作"红红火火"。五行相生相克，木可生火，水火不容，火能炼金，因此就有了"水克火""火克金""木生火"等说法。你能联系生活说说你对这些元素之间相生相克的理解吗？

土

土

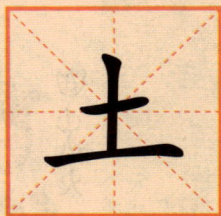

东方木，西方金，北方水，南方火，五行之"土"代表哪个方位，有着怎样的文化特质呢？

汉字探秘

甲骨文的"土"是个标准的小土堆，下面一横表示地面，上面是个凸起的小土堆。金文的"土"上面的虚框变成了实心。小篆的"土"上面变成了"十"字形。最后演变成现在"土"的字形。"土"的本义就是指土壤、泥土、土地。"面朝黄土背朝天"说的是远古先民们在土地上辛苦劳作的形

| 甲骨文 | 金文 | 金文大篆 | 小篆 | 繁体隶书 |

象。由"土地"引申为家乡，如"故土、乡土"；由"乡土"引申为领土，如"疆土、国土、寸土必争"等；由"乡土"还引申为民间、粗鄙等意，比如"土专家、土里土气、土包子"等。

社：土地生万物、长五谷，是人们的衣食之母。对着一堆土进行祭拜就是汉字"社"，社神即传说中的土地神。古代皇帝或诸侯占领一块土地之后，都会举行有名的"封土"仪式。"他们派人收集自己管辖下的五方（东西南北中）之土，堆筑成坛，在上面昭告上天和祖先，宣布这一块土地为自己所拥有。（《图说字源》唐汉著）"

"社稷"一词中，"社"为土，"稷"为谷，社稷就是土神和谷神，在封建社会，是国家的象征。"江山社稷"就是君王统治万里江山，百姓在万里江山上种庄稼，现指国家民生。

现在我们常说的"社会"一词，来自于日本，却源自我国古代社庙活动。每逢节日，社庙演戏娱神，村民们聚集在一起，称为"社会"，后来日本将"社会"一词拿去翻译为"society（群）"，致使概念放大。现在"社会"的概念越来越大，跨出家门校门便是进了社会（流沙河《白鱼解字》）。和"土"相关的汉字还有许多，"土"也成了偏旁，凡是"土"旁的字，大都跟土地、泥土有关，如"地""块""场""坑""疆"等。

岳飞在《满江红》中慨

南京致远外国语小学分校四2班
金川岩

叹"三十功名尘与土"。今天我们一看到"尘",便认为"小土"为"尘",很有道理。其实,"尘"的原型可不是"小土",而是"鹿群跑过后蹄下扬起的尘土"。可以看一下小篆的"尘"。

| 小篆 | 隶书 | 楷书 |

由于上面三只鹿(意指群鹿)的笔画实在是太繁杂,隶书中人们便将其简化为一只鹿,成了"塵"。繁体"鹿"和隶书字形相同。现在简化成了"小土"的"尘",尽管说来有几分道理,总觉得不及"塵"造字来得形象。

文化溯源

土可种植和收获农作物,五行中,人们将具有生化、承载、受纳作用的事物,均归属于土。五行中,春季属木;夏季属火;秋季属金;冬季属水;土生万物,因此每个季节的最后一个月属土;五行表示方位,东方木,西方金,南方火,北方水,土代表中央。火焚烧之后变成灰烬,灰即土,因此火生土。金隐藏在土中,所以土生金。树根吸收土中的营养,所以木克土。"兵来将挡,水来土掩",土能防水,所以土克水。

五行之中,事物之间相生相克,所谓相生,即相互助长:木生火,火生土,土生金,金生水,水生木。相生关系如同母子关系,如木生火,也就是木为火之母,火则为木之子。所谓相克,即相互约束:木克土,土克水,水克火,火克金,金克木。事物之间,相互助长,又相互约束,这样才能保持着动态平衡,这正是中国五行文化博大精深之妙处。

实践运用

　　本章我们解读了五行文化中的"金、木、水、火、土"五个汉字，了解了它们的构字原理，并初步了解了中国传统文化中的五行学说。古代思想家认为，金、木、水、火、土是构成世界万物的基本物质，是世界万物的起源，对中华文化中的天文、医学、历史、哲学等都有着深远而积极的影响。如果你对五行文化感兴趣，可以进一步深入探究其中的奥妙。

第 **9** 章

方位篇

辨识方位　汉字寻根

　　方位即方向，《文选·张衡·东京赋》："辩方位而正则。"东、西、南、北、中为基本方位。东方，象征着太阳从丰茂的树木中升起的清晨，"东"的繁体字"東"就是"日在木中"的形象，"日"和"木"组成的汉字，因为位置不同，可以用来表示一天中的不同时候；"西"的甲骨文很像一个鸟巢，表示夕阳西下，鸟儿归巢栖息，用来借指西方，古人以东为尊，以西为卑，东西合在一起，又有了更加丰富的含义；"南"的原型是一种打击乐器，类似于寺庙里悬挂的钟，据说这种乐器最早由南方传入中原，所以借来指南方；甲骨文的"北"字形是背对背的两个人，一个向左，一个向右，南面向阳，北面背阴，北有臣服的意思，北还有失败的意思；"中"原本指在部落住地中心而立的旗帜，后来引申为事物的中心，成为一个方位词。

东

"东、南、西、北、中"这些表示方位的汉字是怎么创造出来的？我们首先去探秘"东"的字源，了解古人是如何创造出表示方位的"东"。

汉字探秘

日出东方，远远望去，太阳似乎是从丰茂的树木中间升起的。"东"的繁体字"東"就是"日在木中"的形象，表示"太阳从草木中间升起"的那个方位就是"东方"。远古神话中，传说太阳住在东方一个叫旸谷的地方，清晨沿高大的扶桑树上升，然后开始它的"西征"。这个神话似乎也能印证"日在木中"为"东"的造字逻辑。

《说文解字》认为，"东，动也，从木，从日在木中"。意思是日出打破了黎明前的黑暗与平静，东方就是一天中最早开始"动"起来的地方，是

太阳从树木中升起的地方。

有趣的是，"日"和"木"组成的汉字除了繁体字的"東"，还有"杳"和"杲"。"杳"看字形就能知道意思：太阳落到树木下，表示天色已晚，光线幽暗。"杳"的本义就是"暗"，后来引申为"远"，又引申为

南京致远外国语小学分校三4班　李晗嫣

"没有踪影"。"杳无音信"就是不见踪影，没有一点音信。而"杲"的意思和"杳"正好相反，"太阳升到树木之上"，表示天已大亮，"杲"的本义就是光明。如"秋阳杲杲"的意思是秋天的太阳刚刚升起，分外明亮。

可是，当我们仔细看"东"的甲骨文"東"，你会发现怎么看都不像"日出于树木中"的形象，倒像是一只鼓鼓囊囊的口袋，上下各用绳子捆束了一下。这不就是古人远行时携带的行囊吗？

字源网对此的解读是："'东'原指一种袋子——橐。这种袋子的特点是没有底部，装了东西之后用绳子从两端扎紧。后来专用来指方向。"这种袋子不叫"囊"，而叫"橐"。区别在于囊是有底的袋子，橐是无底的袋子。那么问题来了，为什么用"橐"代指方向呢？古时交通不便，人们出行艰难，要背着沉重的"橐"，趁着清晨太阳升起的时候就早早地赶路。所以，沉重的行囊——"橐"就被借用为表示日出的方向"东"。而古人又另造了一个"囊"来表示行囊的本义。

文化溯源

中国传统观念中，"东"为上首，主人之位。传统的房屋一般都是坐北朝南，古时候大户人家的客厅一般会在东西两侧摆放座椅，主人坐东侧，客人坐西侧。主人请人吃饭叫"做东"，有人说其实就是"坐东"的演化。"东"有主人的意思，雇工称雇主为"东家"，认购股票的叫"股东"，出租房屋的叫"房东"。中国传统礼法中，东为首，西为次。太子才能住东宫；普通人家的屋子，也是父母长辈住上首的东房。就连现在人们购买商品房，也是首选东户。

那么，你知道"东床"的意思吗？这里有一个有趣的故事，相传东晋的时候，重臣郗鉴派门客去王导家选女婿，门客回来说，王家少年个个都很不错，听说选婿，都有些拘谨，只有一个年轻人坦腹东床，只顾吃东西。郗鉴一听，说："坐在东床坦腹吃饼的少年，正是我要物色的好女婿。"后来郗鉴果然将女儿嫁给了他，这个人就是大书法家王羲之。后来"东床"就成了"女婿"的代名词，人们把为人豁达、才能出众的女婿称为"东床快婿"。

"东"表示方位，"紫气东来"被视为祥瑞，寓意吉祥美好。中国的地势西高东低，百川东流，归入大海。古人因此有"百川东到海，何时复西归"的慨叹；苏轼有"大江东去，浪淘尽，千古风流人物"的

南京致远外国语小学分校一3班　杨艺嘉

豪情；南唐后主李煜有"问君能有几多愁，恰似一江春水向东流"的遗恨。

　　中国人把"春夏秋冬"和"东南西北"相匹配，用"东风"代指"春风"，如李煜的"东风吹绽海棠开，香榭满楼台"，这里的"东风"，指的就是春风；"东风"还指推动革命进步的力量，如毛泽东曾在分析世界两大阵营的时候说"不是东风压倒西风，就是西风压倒东风"。

　　人们还用"三十年河东，三十年河西"来形容世事难料，盛衰变化无常；用"东窗事发"形容罪行或阴谋败露；用"东道主"表示招待款留宾客的主人或者主办方。

南京致远外国语小学分校三4班　许景博

实践运用

　　"东"表示方位，生活中为什么称主人、主办单位、主办城市为"东道主"呢？你能根据本讲内容说说你的理解吗？

西

古人借用行囊"橐"表示日出的方向"东"。那么古人又用什么事物来表示日落的方向"西"呢？

汉字探秘

"西"的甲骨文"✛"和金文"✕"很像生活中常见的鸟巢，小篆"囨"在巢上加了一只鸟的形状，清楚地表达出"鸟巢"之意。《说文解字》中是这么解读的："西，鸟在巢上也，象形。日在西方而鸟栖，故因以为东西之西。"意思是夕阳西下，鸟儿归巢栖息。所以借用来专指太阳落山的方向的"西"，后来另造"栖"字来表示鸟儿归巢栖息的意思。

文化溯源

"西"与"东"相对，多指方位，在很多诗句中表示"向西"的意思。"百川东到海，何时复西归"说的是河水永远无法向西流，感慨时光易逝，一去不返；"西出阳关无故人"中的"阳关"在河西走廊的最西头，向西出了阳关再也不见故旧友人，表达依依惜别之情；"故人西辞黄鹤楼，烟花三月下扬州"中黄鹤楼在"西"，扬州在"东"，这里的"西"，指的是"向西辞别黄鹤楼，东下扬州"。

古人以"东"为尊，以"西"为卑。东宫是太子或皇后居住的地方，而西宫是妃嫔居住的地方，代指妃嫔。座位也是主人在东，宾客在西。主

南京致远外国语小学分校三4班　杨雨晨

人称"东家"，家塾先生或师爷则叫"西宾"。

古时玉门关、阳关之西统称为"西域"；晚清时期，"东洋"指日本，"南洋"指东南亚，"西洋"指欧美国家。后来的"西餐、西服、西药、西医、西乐、西洋镜、西洋画"等都与西方国家有关。现在"中西"泛指中外，"学贯中西"则是形容学问贯通了中国和西方的种种知识，而"中西合璧"则比喻中国和外国的好东西合到一块儿。

古人以春夏秋冬与东南西北相匹配，"东风"指春风；"西风"则指秋风。如马致远的"古道西风瘦马，夕阳西下，断肠人在天涯"；李清照的"帘卷西风，人比黄花瘦"。这里的"西风"就是指肃杀的秋风。上一讲我们还介绍过"东窗事发"，"东窗"与密谋、陷害、造反等相关；而"西窗"则与挑灯夜读，剪烛话情有关。"西窗剪烛"就出自李商隐的诗句"何当共剪西窗烛，却话巴山夜雨时"。还有很多与"东"相对的成语很有意思，如"东倒西歪、东逃西窜、东张西望、东拉西扯、东拼西凑"等，你还能找到这样有趣的成语吗？

"西"是日落的地方，日落之后便是无尽的黑暗，因此古人将西方视为死亡之所，用"日薄西山"比喻人已经衰老或事物衰败腐朽，临近死亡；用"驾鹤归西""上西天"表示死亡。"西天"还指佛教中的极乐世界。西游记中唐僧常说"贫道从东土大唐来，去往西天取经"，这里的"西天"指的是佛祖所在的地方，据说在古印度一带，也称"西方净土"。

认识了"东"和"西"两个汉字的本源，不知道大家有没有想过这个问题：为什么我们购买物品时会说"买东西"，而不叫"买南北"呢？

传说，宋朝著名理学家朱熹，在路上碰见他的朋友盛温如提着篮子上街。朱熹问："你上哪儿？"盛温如回答说："上街买东西。"朱熹问："难道不能买南北？"盛温如回答说："当然不能。"原来，我国古代把木、金、火、水、土称为"五行"，分别代表东、西、南、北、中五个方位。盛温如说："东方属木，西方属金，凡属金木类，篮子装得了；南方属火，北方属

水，水火之类篮子是装不得的，所以只能买'东西'，不能买'南北'。"

也有人认为，唐朝京城长安有"东市"和"西市"两大市场，商品众多，非常繁华，人们购物不是去东市买，就是去西市买，于是"买东西"就成了购物的代名词，并一直沿用至今。

东西不仅指物品，还特指某些人或动物。比如，人们用"小东西"称呼亲近的小动物或者小孩儿，用"不是东西"表达对品行恶劣之人的鄙夷。

实践运用

本讲带我们重新认识了汉字"西"以及它丰富的文化内涵。人们为什么用"鸟在巢上"的形象来表示方位"西"？你能说清楚这个汉字借用的逻辑关系吗？

南

古人借用鸟"巢"表示日落的方向"西",借用什么事物来表示方向"南"呢?

汉字探秘

"南"的原型是一种乐器,和"鼓""磬"一类,都属于打击乐器。区别在于"磬"是实心的,用石或玉制成,形状像曲尺;"鼓"用皮革包裹;"南"是空心的并且是用金属制作的,可以任意敲打不会破败。

"南"的甲骨文"ﾒ"上面是悬挂的绳子或者绳结,下面是类似于我们在寺庙里见到的钟,这种悬吊在半空敲击出声的乐器就是"南"。《礼记》中有一句"胥鼓南",意思就是说,一个姓胥的人在敲击"南"这种乐器。后来"南"还成为一种音乐曲调的专称。在古代第一部诗歌总集《诗经》

中，就有《周南》11篇，因为这些民歌多取自周朝，因此名《周南》。

作为乐器或者乐曲的"南"跟方向有何关系呢？为何被借用来表示"南方"这一方位呢？有人说，是因为"南"这种乐器最早是由南方传入中原的，此类青铜乐器在南方各氏族中最为繁盛。所以，借来自南方的"南"这种乐器代指南方（摘自唐汉《图说字源》313页）。

我们在观察一棵大树时会发现，向阳的一面因为光线充足，枝叶生长得格外茂盛。"南枝向暖北枝寒"，就是说南枝向阳，生长茂盛；北枝背阴，生长缓慢。先民们通过观察大树的生长，认为大树生长茂盛的一面是"南"面。《说文解字》中许慎对"南"的解读为"南，草木至南方，有枝任也"，意思是草木到了南方，则花繁叶茂，有枝茎可胜任。小篆"南"上面的部分表示一棵树树冠最茂盛的地方，借此表示南方（摘自流沙河《白鱼解字》）。

南京致远外国语小学分校三1班　翟泉荃

文化溯源

古人以东南为尊，西北为卑。皇帝在召见群臣时，一定是面南而坐。"南面称孤"说的就是朝南坐着，称王称帝的意思。古代帝王的宫殿，也是坐北朝南，一方面是因为这个方位光线充足，另一方面是因为这个方向有"南面称孤""向明而治"的意思。后来，官府衙门甚至普通百姓建造房子，都采用坐北朝南的方位，一直延续到现在。

"南山"本指秦岭终南山，在中国文化中"南山"含义丰富。首先，它有长寿多福的意思，"福如东海，寿比南山"是最常见的祝寿语。"南山"还蕴含着品行高洁之意。陶渊明的诗句"采菊东篱下，悠然见南山""种豆南山下，草盛豆苗稀"让"南山"成了古代雅士们理想的归隐之地，也成了高情远致的代名词。古人还用"马放南山"比喻天下太平，不再用兵。现在这个成语常用来形容思想麻痹。

"南"表示方向，代表光明与温

南京致远外国语小学分校三1班　许悦萌

暖，《茶经》中有"茶者，南方之嘉木"，意思是南方有美好的茶树；《短歌行》中曹操借"月明星稀，乌鹊南飞"等诗句表达自己的求贤之心。

"南"后来引申为南方的地区或者国家，"南国"指我国的南部。王维有诗句"红豆生南国，春来发几枝"，指的就是中国南方盛产红豆这种植物，借此表达相思之意。"江南"泛指长江以南。"南京"因其繁华被称为"江南佳丽地，金陵帝王州"；"云南"在我国西南地区，省会昆明，人称"彩云之南"；"海南"位于华南地区，省会海口，是中国最南端的一个省；"越南"是东南亚的一个社会主义国家，与我国广西、云南接壤，和海南隔海相望。

实践运用

南与北相对，嵌入"南北"的成语有很多，如南来北往、南腔北调、南辕北辙、南征北战、天南地北、走南闯北、北雁南飞，你还能说出这一类有趣的成语吗？

古人写对联时，喜欢将东、西、南、北嵌入其中，留下很多充满智慧的经典。唐伯虎曾替酒店写过的广告联"酿成春夏秋冬酒，醉倒东西南北人"，极具气魄；明代书画家徐渭写的书房对联"几间东倒西歪屋，一个南腔北调人"，充满自嘲；晚清才子宋湘在十字街头写下趣联"一条大路通南北，两边小店卖东西"，很是贴切有趣。你还知道哪些类似的趣联吗？

"南"的原型是乐器，为什么会被借用来表示方向呢？除了这种乐器来自南方这种说法，还有其他解释吗？你能通过查找资料，做出你自己的回答吗？

北

"南"和来自南方的乐器有关，那么"北"来自何处呢？

汉字探秘

　　甲骨文中"北"的字形"北"是背对背的两个人，一个向左，一个向右，两人背对站立，显然它的本义并非指方向，而指人的后"背"。可以想象，"背"是后造的字，小篆的"背"（背）就是在"北"的下面加了个"肉月"来表示"后背"的意思。有趣的是，两人背立称为"北"，两人并肩而立便是"比"，一人在前一人在后是"从"，一人头朝上，一人头朝下是"变化"的"化"。

文化溯源

南面向阳，北面背阴。山坡的南面因为向阳，往往花叶繁茂；而北坡光照相对不足，常常草木稀疏。南方草木同样比北方生长得好。《晏子使楚》中"橘生淮南则为橘，橘生淮北则为枳"，意思是淮南的柑橘移植到了淮北，结出的却是又小又酸又涩的枳。淮南阳光充足，降水丰富，柑橘自然又大又甜；淮北霜期长，降水少，冬天寒冷，不适合柑橘生长，结出的果子自然又小又酸又涩。

方位中"南北"相对。北方寒冷，"北国"指我国北方地区。毛泽东诗词中有"北国风光，千里冰封，万里雪飘"的壮美景象，大气磅礴，充满豪情。北方偏远，因此战事不断，高适的诗句"汉家烟尘在东北，汉将辞家破残贼"说的是战事起于北方，将军奉命征讨。长城是古代著名的军事防御工程，修筑长城以拒北方匈奴侵犯，"塞北"就是长城以北的地区。"北京"原指位于北方的都城，洛阳、太原、开封等城市在历史上都曾被称为"北京"，后来才专指现在的北京，古称"燕京""北平"。元明清三朝帝王都曾定都北京，现在北京是中华人民共和国的首都，也是全国政治、经济、文化的中心。

古人以南为尊，以北为卑，北有臣服的意思。上一讲我们介绍过"南面称孤"，皇帝面南而坐，接受群臣朝拜。"北面称臣"说的是因帝王面南而坐，大臣们得面向北面拜见帝王，"北面称臣"有臣服于人的意思。

南京致远外国语小学分校三1班　许悦萌

说到南北，有人会问，为什么向南叫"南下"，向北却叫"北上"呢？一种说法是根据地图的方位"上北下南"而来，北在上，南在下，因此"向北"往往说成"北上"，而向南则说成"南下"；另一种说法认为，"北上南下"的说法仍然跟帝王有关，古时候皇帝居住的宫殿大多坐北朝南，向北朝见皇帝，自然要"北上"。陆游著名的绝笔诗"王师北定中原日，家祭无忘告乃翁"，其中"北定中原"指北上收复中原，写出陆游渴望收复失地的强烈的爱国之情。

"北"还有失败的意思。你知道打仗失败为什么叫败北，不叫败南、败东、败西吗？原来，作战时失败的一方转身逃跑，背对着胜利的一方。这里的"北"不是指方向，而是指它的本义"项背"。"败北"并不是向北而逃，而是指败方逃跑时背对胜方，不管逃往哪个方向，都叫"败北"。胜方朝着败方穷追不舍，就叫"追亡逐北"。"三战三北"就是作战时打三仗，败三次，意思是屡战屡败。这里的"北"都含"失败"的意思，跟方向无关。

实践运用

古人造字，果然各得其妙。一方面古人借生活观察来造字，日在木中为"东"；日在木后鸟雀栖处为"西"；草木向阳处为"南"；草木背阴处为"北"。另一方面假借具体的实物来表示抽象的意思，古人借橐为东，借栖为西，借乐器为南，借背为北。

你还记得汉乐府《江南》的名句吗？江南可采莲，莲叶何田田，鱼戏莲叶间。鱼戏莲叶东，鱼戏莲叶西。鱼戏莲叶南，鱼戏莲叶北。为什么诗句中鱼儿嬉戏的地点是按"东西南北"的方向，而不是"东南西北"呢？发挥你的想象，说说你的理解。

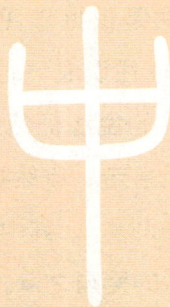

今天我们看汉字"中"，像是有一根木条从物体的中间贯穿而过。古人真的是根据图形中的方位造出这个汉字的吗？

汉字探秘

"中"最初并非指方位，甲骨文和金文的"中"（🔣），中间都好似一块空地，又好似围了栅栏的一亩方田，有一条直线从中间穿过这块地域，上下还有飘扬的旗帜——由多条不同颜色的飘带组成的旗帜。远古时代，这种旗帜一般插在部落或氏族群居住地的中心位置，成为该部落或氏族的标志，也指引着族人回家的方向。

到了春秋时期，这种旗帜也用于战争之中，叫作"幡"。古时候军队分为左军、中军和右军。这种"幡"一般立于中军，是军队主帅的标志，表示这里是整个战争的指挥中心。因此行军打仗若是被人摘了"中军大旗"，就意味着失败。

也有人说，金文的"中"上下都有飘扬的旗帜，中间的"口"好似交战双方的中间地带，这个地带两方都可以，因此有"中立"的意思。

远古时代，人们除了用旗帜作为部落或者战争的标志，还用它来测量日影，表示一天不同的时辰。"中"也有日当午时旗影正的意思。

"中"的小篆""省去了上下旗帜飘扬的样子，似乎一根木棒从一物体中间穿过，表示中间、中心的意思。因此，"中"本义指在部落住地中心而立的旗帜，后来引申为事物的中心。"中"成了一个表示方位的词之后，有了内部、中间的意思，如"中央""居中"等，并一直沿用至今。后来，还用来表示为人处世中的"中正平和"，如"中庸之道""中立国"等。

《说文解字》则认为，"中"表示内部，从"口（wéi）"，"丨"表示上下贯通。"中"还有一个读音 zhòng，表示恰好对上的意思，如"打中目标"；还表示遭受的意思，如"中暑""中毒""中枪"等。

文化溯源

我国古代华夏民族起源于黄河流域一带，居于四方之中，这里文化发达，历史悠久，称为"中原""中华"。中原一带许多小的诸侯国为对抗四方来犯，结成联盟，称为"中国"。历史上所说的"中国"和今天的"中国"并不是同一个概念，古代没有任何一个王朝将"中国"作为正式的国名。辛亥革命以后，"中国"成为"中华民国"的简称。解放后，"中华人民共和国"简称"中国"。现在常用"中"代指中国，如"中美关系"等。

中国传统文化中，"中"不仅表示居于东西南北之中间的方位，还表示道德修身的一种平衡、一种"中正平和"的境界。儒家思想认为，人的道

南京致远外国语小学分校　朱双

德修养能达到"中和"的境界，则世间万物都能各得其所。达到一种和谐境界。所谓"中和"表示两种相对的事物互相抵消，失去各自的性质，也是中国传统中庸文化的核心思想。"喜怒哀乐之未发，谓之中；发而皆中节谓之和。中也者，天下之大本也。和也者，天下之达道也。"意思是说，喜怒哀乐没有表现出来叫作中，喜怒哀乐情绪发自本，叫作和。中是天下最大的根本，和，天下能达到道的。即中为务本，和为乐本。

实践运用

　　"东、西、南、北、中"五个朴素的汉字中蕴含着古人对五种方位的认知。这种认知大致可以分为三个阶段，第一阶段源自对自然的观察，对太阳的崇拜，随着太阳的朝升暮落，先民们对"东西"两个方位有了初步的认识；第二阶段人们认识到和"东西"相对应的两个方位"南北"；第三阶段，人们的自我意识增强，在四个方位中加入人本体的方位——"中央"。最终形成了"五方位"的空间图式。你能完整地说一说这五个汉字的本源吗？

第 **10** 章

天干篇

天干地支　文化寻根

　　天干地支是中华民族传统文化不可或缺的组成部分。"（干支历法）是我们的祖先在长期生产活动中对天体运行现象进行观测、计算而获得的符合客观规律的科学知识。"（翁文波院士语）作为神秘的文化符号，干支法不仅用于古代历史、古代天文学研究，贯穿其中的四季、五行、阴阳理论还是古代哲学、农学、中医学、气象学的基础，对小学生进行相关知识的启蒙教育也是对传统文化的传承。在"十天干"教学中，教者力求通过对相关汉字字形演变过程的形象再现，向孩子呈现汉字的基本含义，并联系相关词语了解该字的引申义、扩展义，扩充词汇的同时，增加文化积淀。同时，教者试着从人体结构与植物生长的角度，对"十天干"进行区别与描绘，讲清"十天干"之间的变化顺序与规律，适当渗透"十天干"与四时、阴阳、五行的对应关系，并在最后一讲对"癸"字的讲解中，对"十天干"作简要回顾与总结，做到前后衔接呼应。

甲

很久很久以前，地球上没有历法，人类不知道怎样去区别昨天、今天和明天。当时人们都以为地球是宇宙的中心，于是聪明的古人，以地球作为表盘中心，将天上最亮的星星作为表盘刻度，将太阳、月亮和金木水火土五星作为指针来记录时间，就形成了"天干地支"这一中国古老的历法，简称"干支法"，用来纪年、月、日、时。它不仅是中华民族发明的计时体系，更是中华文明、中华文化的集中体现，具有丰富而独特的文化内涵。天干中的第一个字是"甲"。

汉字探秘

请看这幅图：。一颗种子萌芽了，头上还戴着种壳，这就是"甲"最原始的意思。甲，是象形字，本义是植物籽实的外壳，引申为某些动物

身上起保护作用的硬壳，上面还有交错的纹路。

| 甲骨文 | 金文 | 小篆 | 隶书 | 楷体 |

"甲"的甲骨文更像是古代士兵作战时手持的蔽护身体的硬牌，这个硬牌有"十"字的握柄，外面是一个抵御矛枪的硬牌，士兵们可以一手持甲牌抵御防守，一手持武器展开进攻。有些甲骨文直接就是一个"十"字形。金文承续甲骨文的字形，有的金文将挡牌"口"写成半开放形，表示可以插套的护牌或铠衣。小篆将金文的"十"写成"丁"，同时将半开放的挡牌写成"凵"（人）字形，表示穿在人身上、用皮革或金属制成的护身铠"甲"。

文化溯源

《说文解字》解释说：甲，是东方最初的阳气在萌动（如前面种子萌芽的图片），因为它表示生命的最初状态，引申为天干 10 个序位中的第一位。

中国传统干支纪年，是用"十天干"与"十二地支"按顺序两两相配，共有 60 个不重复的组合。祖先用干支法记录历史，一个 60 年，又一个 60 年，周而复始，循环记录。每个循环的第一年叫"甲子年"，一个循环下来就是一个"甲子"。

一个甲子 60 年，因为干支名号繁多而且相互交错，又称"花甲"，所以，一个人 60 岁，我们就称他为"花甲之年"。

后来"甲"由"天干第一位"，常用来表示顺序的第一，或者居第一位。比如我们经常说的"桂林山水甲天下"，意思就是桂林的山水天下第一

（美）；甲第，就是参加科举考试成绩第一等；甲族，就是世家贵族。甲，还指动物身上有保护功能的硬壳。比如龟甲，就是乌龟的外壳；甲骨文，就是古代刻在龟甲或兽骨上的文字；我们手指或脚趾上的角质硬壳叫指甲。古代军人打仗穿的、用皮革或金属叶片制成的护身衣服，也叫"甲"，如盔甲、铠甲、甲胄。解甲归田，意思就是脱下军服，回家种地。现代用金属做成有保护功能的装备也叫"甲"，如甲板、装甲车。

实践运用

中华文明源远流长，中华文化博大精深。干支纪年是我国古老的历法，它历史悠久、变幻莫测，蕴含了丰富的宇宙星象密码。我们刚才说，每个60年的第一年叫甲子年，你知道2021年在干支纪年中叫什么年吗？

乙

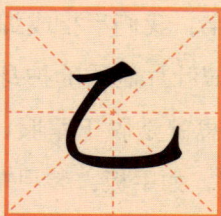

现代汉语中，甲乙常用来表示无足轻重的人或事物，比如人们常说的"路人甲""路人乙"，或者"甲地""乙地"等。而在中国历法文化中，"乙"排在十天干的第二位。

汉字探秘

"乙"也是一个象形字。甲骨文中的"乙"（乁），是一条弯曲的线条，像鱼肠。中国最早的一本解释词义的书叫《尔雅》，里面有一句话"鱼肠之谓乙"，意思是鱼肠弯弯曲曲的样子叫作"乙"。又有人说"乙"的字形像停在树上栖息的鸟儿，指的是"紫燕"。汉字"飞"的字形就是鸟儿展翅飞翔的样子。还有人认为"乙"像狩猎用的绳扣。可能是殷商时代人们为捕捉一些体形较小的禽兽用绳索做圈套。"乙"的字形，从甲骨文到隶书，都

是弯曲的线条。最后逐渐定型为现在看到的"乙"。

许慎在《说文解字》中说，"乙"就像植物萌芽后尚未破土的样子，因为春天刚开始，地面阴气还比较重，草木长出地面很困难，所以呈现出弯弯曲曲的样子。还有一种形象的说法认为，"甲"像人的脑袋，"乙"承"甲"而来，很像人的脖子。你仔细看看，还真是挺像的。

古人阅读时，读到停顿的地方，喜欢画一个"乙"的符号，表示暂停。现在人们在编辑文章时需要插进一些内容，也还会用这种"乙"字符号来标注，这样的过程称为"涂乙"。

文化溯源

为什么"乙"会排在天干的第二位呢？"甲"是植物籽实的外壳，表示生命刚刚开始萌动；而"乙"表示种子开始向下扎根，这种艰难下潜的生命力让它终于冲破甲壳，屈曲生长。"甲"表示生命初始，排在第一位；"乙"表示萌芽生长，所以排在第二位。

"乙"和"一"字音相近，字形相关。"一"好像静立不动的"乙"，而"乙"则好像流动的"一"，所以就有了"一动成乙"之说，表示元气的运动变化，也表示生命之气刚出生时的挣扎状态。

商朝第一位开国明君，后人称"大乙"。相传夏朝后期，夏桀作恶多端，压榨民众，这时候，大乙率众消灭了夏桀，推翻了夏朝的统治，成了商代的第一个国君"大乙"。一方面，"乙"有生命萌发生长之意，名字后

面加上天干名"乙"，有期待再次重生的意思；另一方面"乙"与"一"同音，表示他是商代第一位国君，人们铭记他的丰功伟绩。

中国神话故事中，有一个法力无边的老神仙，叫太乙真人。很多动画片、游戏、动漫中都有他的身影。他是哪吒的师傅，用莲花为哪吒重塑肉身，教会哪吒"三头八臂"的法力，送给哪吒风火轮、乾坤圈、火尖枪和混天绫等法器。"太乙"有时也写成"太一"，是道家非常尊崇的称谓，既是一种名号，也是一种美誉。你去读一读经典名著《封神演义》，看一看经典动画《哪吒传奇》，里面都有太乙真人的身影。

实践运用

"乙"排在天干的第二位，代表生命萌发，万物出生。天干和阴阳、五行、四方、季节都有关联，你知道"乙"对应的分别是什么吗？

丙

十天干中，排在第一、二位的是甲和乙，排在第三位的是"丙"。

汉字探秘

"丙"也是象形字。有人说，丙像鱼的尾巴。《尔雅》中就有这样的解释：鱼尾谓之丙。意思是丙的本义就是指鱼的尾巴。你仔细看甲骨文"丙"字的一种写法"丙"，确实像鱼的尾巴。

也有人说"甲"（甲）像人的头部，"乙"（乙）像人的脖子，"丙"（丙）就像人的肩膀。

"丙"的甲骨文和金文字形变化不大，小篆的字形略有变化，内人出头上面多了一横就成了"丙"。隶变之后写成现在的字形"丙"。

"丙"在甲骨文的时候就被借用为天干的第三位，本义便已消失。天干

中排在甲和乙之后，也表示次序的第三。

丙 丙 丙 丙 丙

| 甲骨文 | 金文 | 小篆 | 隶书 | 楷书 |

文化溯源

　　为什么"丙"会排在天干的第三位呢？我们不妨按照方位、季节、阴阳去想象一下："甲"，表示阳气吹向东方，春意初来，植物的种子顶着外壳刚刚萌芽；"乙"，像春天的草木在寒气尚浓、阴气还重的环境下艰难而不屈地生长；"丙"表示草木之芽终于长出了地面见到了光明，所以排在了天干的第三位。农历中每月的三日、十三日、二十三日，也叫"丙日"；古人常说的"丙夜"，就是"三更"（即晚上十一点至第二天凌晨一点）；汉代后期的宫室建筑，正室两边的房屋分为四等，前三等分别为甲舍、乙舍和丙舍；人类目前发现的传染性肝炎病毒共有 5 种，前三种分别叫甲肝、乙肝、丙肝。

　　"丙"居南方，"丙向"就是南向、朝南的意思。南方，属火（有的甲骨文和金文里面，丙的字形是个有两只脚的青铜器，里面可以点灯），因此"丙"，有光亮、光明的意思，和带火字边的"炳"意思一样。

　　"丙"字，加上偏旁"火"，是"炳"，光明的意思。汉语里有个词叫"彪炳青史"，意思是光辉业绩记载于史册之上，永远焕发光彩，照耀历史。

　　"丙"加上"疒"，就成了"病"。《说文解字》里说："丙"是阴气初起，阳气将亏，体内阴生，阳始亏，病初起。意思是"丙"就是阳气不足，是病的开始。后世把"疾""病"两个字合到一起都表示"生病"的意思，其实"疾"和"病"不是一回事。你看字形就知道"疾"的下面是个"矢"，矢就是箭，是被人用箭射中的意思，是外伤；而"病"指内伤，因阳气不足，心火过重而生的病，因此"病"比"疾"重。

实践运用

中国现代有个民间音乐家，出生于我们江苏的无锡市。他一生共创作和演出了270多首民间乐曲。二胡曲《二泉映月》、琵琶曲《昭君出塞》都是他的作品。

他叫华彦钧，是一位道士。大家都叫他阿炳，因患眼疾而双目失明。刚才我们知道"炳"是光明的意思，那么大家叫他"阿炳"，是不是跟他失明，人们希望他重见光明有关呢？请到有关资料中查一查。

丁　个

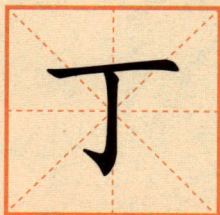

天干中排在第四位的是"丁"，"丁"字从何而来呢？

汉字探秘

　　"丁"是个象形字，甲骨文的"丁"（▢）是方形的钉帽的形状，因此看上去只有一个小方块。金文（●）就像一枚短小的钉子。因此"丁"的本义就是钉子。后来被假借为天干的第四位，而原来作为"钉子"本义的"丁"则加了个"钅"，成了"钉"，表示钉子一般都是金属做的。

　　因为钉子很小，所以有小块的意思，如"肉丁""鸡丁""补丁""布丁"等。由于"丁"只有两笔，简单易认，因此连这个字都不认识的文盲就叫"目不识丁"。

　　"丁"也成了很多形声字的声符。如用目光"盯"，用头"顶"，用笔"订"正，蚊子用口"叮"咬。

| 甲骨文 | 金文 | 小篆 | 隶书 | 楷书 |

　　"丁"排在天干的第四位，从草木生长、生命发展的角度看，从春天生命萌动的"甲"；到生命流动的"乙"；到生命勃发的"丙"；到了夏季万物正是壮实的阶段，那就是"丁"。因此，《说文解字》这么解释"丁"字："夏时万物皆丁实"，意思是夏天庄稼长高了，长得很壮实。

　　人们又由植物生长引申到人的身体，身强体壮称为"丁壮"，"丁"也是对成年男子的称谓，如"男丁""壮丁"。"丁"是古代社会交赋税、服兵役的主要力量。各个朝代成年的年龄标准不一样，有的四十为丁，有的二十为丁。中国古代是小农经济，基本上是男耕女织、自给自足的生活方式。生了孩子叫"添丁"，意味着家里添了新的劳动力，也意味着有土地可种。古代添丁是大喜之事。如果有人家生了孩子，人们会祝贺他家"喜添新丁"。有时候，"丁"也用来表示男孩和女孩，如人丁兴旺。

　　后来，"丁"又引申为从事某种职业的人，如"园丁""兵丁"等。

实践运用

　　"丁"的含义多与强壮、旺盛有关。因此男子称"男丁""壮丁"。那么，《诗经》中有"伐木丁丁，鸟鸣嘤嘤"的诗句，这里的"丁"又是指什么呢？

"戊"排在天干的第五位。

汉字探秘

"戊"是象形字，甲骨文的"戊"是一把斧子的象形（Ⴂ），有斧身、斧柄、斧头，顶部还有钩，下有脚叉，本义就是指斧钺一类的兵器。金文中斧柄变弯了，顶钩和脚叉都变得更为明显（Ⴂ），到了小篆之后，发生隶变（戊），渐渐地变成现在的字形"戊"。后来这种兵器逐渐被其他兵器所代替，"戊"这个字也被借用来表示天干的第五位。

如果说"甲"（中）像人的头，"乙"（乁）像人的脖子，"丙"（丙）像人的肩膀，"丁"（口）像人心，"戊"（Ⴂ）就像人的两肋。

屮 生 戊 戊

甲骨文　　金文　　小篆　　楷书

文化溯源

　　"戊"本指兵器，与战争有关，因此《康熙字典》便将它作为会意字，归入"戈"部。"戈"部的字大多和兵器或战争有关。比如大家很难分清楚的"戊"(wù)、"戌"(xū)、"戍"(shù)，还有"戒"和"戎"等字都是"戈"部。

　　如何辨别"戊、戌、戍"呢？有一首简单的口诀也许可以帮助你记忆："有一为戌空为戊，丁壮男子卫边戍"。其中，"戌"(戌)中的"一"代表被兵器攻击的部位，"戌"有消灭的意思。

　　而"戍"(戍)的篆书左下是个"人"，意思是用兵器去守卫、保护"人"的意思。

　　"戎"的金文(戎)左下就是个"甲"，表示战士身上的铠甲。"戎衣"就是古代战争中战士们身上穿的铠甲。

　　"戒"的左下是两个"手"(戒)，两只手紧握着兵器，表示防备、警戒的意思。

　　你看，从汉字本源来识字，是不是就很容易区分清楚了？

　　"戊"排在天干的第五位，如果说生命的初始状态为"甲"；生命的流动盘曲为"乙"；出土成苗，逐渐向上为"丙"；成长壮大为"丁"；到了"戊"阶段，就呈现出草木茂盛，大地充满勃勃生机的样子。"戊"与"茂"有相同的意思。

　　古人以"甲乙丙丁戊己庚辛壬癸"十干配"东南西北中"五个方位，因为"戊"排在第五位，处于十天干的中间位置，所以也代表中央方位。与"金木水火土"五行相配，则指代"土"。

　　中国国家博物馆有一镇馆之宝，叫司母戊大方鼎。它是世界上出土的鼎中最大最重的青铜器，庞大浑厚的鼎器腹部赫然铸刻着三个字"司母戊"，是商王纪念伟大母亲"戊"而铸造的雄伟器具。"戊"是商王母亲的庙号。

实践运用

　　"戊戌变法"是近代中国史上的一个重大事件，又被称为"百日维新"，最后"戊戌六君子"慷慨赴死。你可以找来这段历史去读一读。"戊戌"是天干地支纪年法中 60 个干支其中的一年，你知道这个事件具体发生在哪一年吗？

己

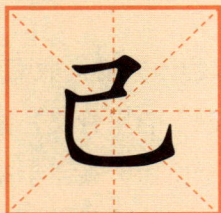

甲、乙、丙、丁、戊之后，排在第六位的是"己"。

汉字探秘

己（jǐ），和甲、乙、丙、丁、戊一样都是象形字。如果说"甲"（中）像人的头，"乙"（乙）像人的脖子，"丙"（丙）像人的肩膀，戊"（戊）像人的两肋，"己"（己）则像人的腹部。"己"这个字始见于商代，甲骨文字形有左向（己）和右向（己）两种；后来，右向的写法被淘汰，只剩下左向的一种。

己	己	己	己	己
甲骨文	金文	小篆	隶书	楷书

文化溯源

《说文解字》认为：己，像万物因回避而收藏在土中弯弯曲曲的形状，字形像人的肚子。有人则认为"己"的甲骨文，像用来捆绑东西的一根弯曲的丝绳头。我们看到"己"的金文、大篆、小篆也都像弯曲的绳子。据文字学家考证，"己"原型是上古时期绑在箭上或猎鹰腿上的丝绳，用绳子捆绑则叫"己"。上古年代没有汉字，人们就在绳子上系圈、打结，用来记数和记事，标明物品的归属，就是所说的"结绳记事"。用绳子捆绑也有缠绕、束缚的意思，这也是"纪律"的"纪"的本义；所以，人们认为"己"是"纪"的本字。当"己"的"结绳记事"本义消失后，人们就在"己"字左边再加个"纟（糸）"另外造了一个"纪"字代替，表示纪实、识别、纪律的意思。"己"后来成为在戊之后天干的第六位，也作为排列次序等第的用字，表示第六。天干常用于纪日，己日就是农历每月的初六、十六、二十六。己糖 (Hexose)，又称为六碳糖，是含有 6 个碳原子的单糖。

"己"，除表示天干的第六位外，通常用来指针对他人之外的自己。

如，"舍己为人"，指舍弃自己的利益去帮助别人；"己所不欲，勿施于人"，指自己不喜欢的，也不要强加给别人；"严以律己，宽以待人"，指对自己要求严格，对别人宽厚仁慈。

实践运用

汉字中，有两个字"已""巳"，和"己"长得很像，它们分别怎么读？你有什么好方法区别这三个字吗？

"庚"排在天干的第七位。

汉字探秘

"庚"很早便被借用来表示十天干之一的第七位，古代文献中也未发现除了天干之外的使用，因此"庚"的本义一直有很大的争议。

甲骨文	金文	小篆	楷书

看甲骨文的"庚"的形状（庚），像是一个乐器，上面有长把、悬挂的绳，两侧还有耳朵，可以摇动。因此郭沫若认为，"庚"是乐器"钲"

(zhēng）的本义，就是一种铜制的乐器，像钟，又像铃铛，口朝上。后来"庚"被借用来表示天干的第七位之后，人们又造了"钲"这个字。

又有人说，甲骨文"庚"的字形更像古代用来脱谷的农具，上面的"丫"是用于倾倒谷粮的漏斗。小篆的"庚"（𣎴）下面增加了两只"手"的形状，表示人在利用这种农具劳作的样子。

天干中"庚"在"己"之后。如果说"甲"（甲）像人的头，"乙"（乙）像人的脖子，"丙"（丙）像人的肩膀，"丁"（口）像人心，"戊"（戊）像人的两肋，"己"（己）像人的腹部，"庚"（庚）就像人的肚脐。

文化溯源

"庚"在天干中位于第七位。俗话说："人生七十古来稀。"古时候活到七十岁，是一件稀少而有福气的事，因此宋元以后，人们也常用"庚"表示年龄。如人们会用"贵庚"来询问人的年龄，用"同庚"表示"同龄"。

《说文解字》认为："庚，位西方，像秋时万物庚庚有实也。"什么意思呢？庚，在天干中，代表西方，西方代表秋季，像秋天万物坚硬有果实的样子。为什么庚代表西方呢？以郭沫若的解释来看，"庚"是一种青铜乐器，青铜属五行中的"金"，五行之金与方位西、季节秋相呼应，因此才有"庚，位西方"这一说法。秋天果实成熟，生命进入收获之际。

从生命的发展来看，如果说生命的初始状态为"甲"；生命的流动盘曲为"乙"；出土成苗，逐渐向上为"丙"；成长壮大为"丁"；茂盛蓬勃为"戊"；鼎盛成形为"己"；繁华落尽、瓜熟蒂落，以期来年"更新"便为"庚"。

相传商朝一位很有作为的君主名叫盘庚。盘庚即位的时候，商朝政治腐败，贵族奢侈，王室纷争，各种矛盾尖锐，且天灾不断。盘庚为了改变这种社会不安定的现状，不顾贵族反对，毅然将国都从奄（今山东曲阜一带）迁往殷（今河南安阳一带），此后的200年间，殷商民族没有再迁国都，百姓安宁，商朝再度振兴繁荣。这一重大历史事件，史称"盘庚迁殷"。

实践运用

当别人问"贵庚"，你知道是什么意思吗？你还知道哪些问对方年龄的敬辞吗？

"辛"（xīn）排在天干的第八位。

汉字探秘

　　从字形上看，"辛"和前面学过的甲、乙、丙、丁、戊、己、庚一样，是独体象形字。由于象形字的简约性，人们常常不能明确它到底像什么事物的形状，因此关于"辛"的本义出现了多种争议。

　　比较常见的说法认为，"辛"是一把施行刑罚的刑刀（ ），是古时候用来在有罪的人或俘虏脸上刺字的刀具；也有人说"辛"是木柴或树枝的形状，是"薪"的本字，因为远古时代，奴隶或罪人是不许戴帽子的，只能把树枝或草茎缠在头上，所以头顶"辛"的不是罪人就是奴隶；有人说"辛"是倒立的人形，是违背法规的人，有罪人的意思；有人认为像用绳子绑起来的奴隶；也有人认为是一种叫亚麻的植物，代表用来捆绑奴隶的绳子。

| 甲骨文 | 金文 | 小篆 | 隶书 | 楷体 |

随着汉字的发展，"辛"的字形相对稳定下来，在隶书中，"辛"的字形已经与现在所写的"辛"的字形相近，直至楷书发展为"辛"。

文化溯源

从字形本源来看，无论是罪犯被刑罚，还是奴隶被捆绑，都跟痛苦、受苦有关联，所以《新华字典》和《现代汉语词典》中对"辛"的解释都有劳苦、艰难的意思，比如"辛劳""千辛万苦""不辞辛劳"。

"辛"加上表示言语的"舌"，就是"辞"。"辞"的本义是治罪过程中的供词，后来引申为文辞、言辞。"辛"加上声旁"古"，就是"辜"。"辜"的本义就是罪，如"无辜""死有余辜"等；再如"辟"，甲骨文的"辟"左边是一个跪坐的人（犯人），右边是施刑的刀具；还如"宰"表示被刑刀刺上记号的奴隶在屋子里劳动的情景，本义指奴隶。

"辛"的本义跟"罪犯、犯人"有关，犯人受刑的过程是痛苦的，生活中有一种滋味也因为刺激性太强而让人痛苦，所以"辛"又被引申为五味之一，类似于葱姜蒜的辣味。有个成语叫"论甘忌辛"，意思是说到甘甜的就忌讳辛辣的，比喻对一些东西过于爱好而表现得偏执。人们常说的"五味杂陈""打翻了五味瓶"，其中的"五味"指的就是辛、酸、甘、苦、咸，辛是五味之一。就是人们现在常说的"辛辣"之味，"辛"就是"辣"，因

此"辣"也是"辛"字旁。

天干中"辛"承"庚"之后，像人的大腿。《易经》认为，辛和庚同样，居西方，五行属金，在秋季，有收获之意。"辛"在天干中排在第八位，也表示第八。天干常用于纪日，辛日就是农历每月的初八、十八、二十八，农历每月上旬的辛日，即初八也叫"上辛"，下旬的辛日，叫"下辛"。

"辛"还有一种特殊的用法，可以指"三天假期"。这是由于上古时代国家休假制度规定在每旬的前七日（甲、乙、丙、丁、戊、己、庚）为工作日，接下来的三天（辛、壬、癸）为休假日。而这三天的连休是以"辛"日开头，所以"辛"又可以代指"三天假期"。

"辛"也常用于先人的庙号。"帝辛"就是有名的暴君商纣王的庙号。"辛"还是一个姓氏。在我国南宋时期有一位著名词人，叫辛弃疾。他亲眼看见汉人在金人的统治下所受的屈辱与痛苦，在青少年时代就立下了恢复中原、报国雪耻的志向，一生写下了很多壮烈的爱国诗词，与苏轼并称为"苏辛"。

实践运用

中药中，有一类药物叫辛味药，具有发散、行气、行血的作用。一些具有芳香气味的药物往往也标上"辛"，亦称辛香之气，具有芳香气味的辛味药，分别具有芳香辟秽，芳香化湿，醒脾开胃，芳香开窍等作用。找一找，有哪些常见的辛味药，它们分别有哪些功效？

第四十七讲

壬

壬

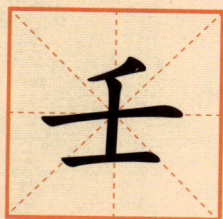

天干第九位是"壬"，"壬"是怎么来的呢？

汉字探**秘**

"壬"很像个象形字，但和"辛"一样，所像之物一直没有定论。很多文字学家研究之后，也是众说纷纭。

一种说法是，甲骨文的"壬"（工）像个"工"字，像是用来缠线的工具，又像古代织布机上的一个部件。后来"工"字形中间加了一个点（工），就成了指事字，用这一点指出织布机上经线的所在。小篆的"壬"（壬）将中间一点加粗，并逐渐成了一横，最后隶变之后就成了"壬"。一种说法是，"壬"更像是一个人挑着担子，上下两笔表示挑着的重物。

甲骨文　　金文　　小篆　　隶书　　楷书

文化溯源

　　有人说，"壬"跟怀孕有关，是"妊娠"的"妊"的本义。"壬"的甲骨文中间一竖连着上下两横，是"一化为二"的意思，表示妇女怀孕，一个变两个。金文在竖画上加粗点，这肥肥的一笔，就表示妇女怀孕后肚子变大。小篆和隶书将这一肥笔拉成一横，成了"壬"字。因此"壬"的本义就是"妇女怀孕"，所以才有"妊妇"一词，指孕妇。"妊娠"是指"怀孕"。也有人认为，"壬"是"纴"（rèn）字的初文，本义为绕线的工具。绕线则线团不断增大，故引申指大、盛大之义。九为单数最大，因此"壬"位居天干第九位。"壬"，还有奸佞的意思，"壬人"就是指巧言谄媚之人。后来"壬"字很少单独使用，被借用来专指天干的第九位。

　　"壬"为天干中继"辛"的第九位，《说文解字》认为，"辛"像人的大腿，"壬"则像人的小腿。"壬"同"妊"，表示进入冬月，万物闭藏。阳气潜伏地下，万物怀妊，新的生命已经在孕育。按照十天干与阴阳五行的对应关系来看，壬为阳，壬属水，壬水也称阳水，指的是江河之水。传说中掌温泉的水神就叫壬夫。

　　"辛壬癸甲"本指辛日、壬日、癸日、甲日连续四日，后成了一个固定的成语，用来表示一心为公，置个人利益于不顾的精神。这是为何呢？相传大禹为了治理洪水，第一天（辛日）娶妻，第四天（甲日）就离家带着民众前去治水，且"三过家门而不入"。后来人们便用"辛壬癸甲"这一成语来赞扬那些和大禹一样公而忘私的人，赞扬他们身上那种无私奉献、一心为公的精神。

　　和"壬"字形很像的一个字叫"壬"（tǐng）。这是个会意字，甲骨文像人挺立在土台上的样子，本义指"人挺立在土台上"。两个字的区别在于上面一横长短不一样，"壬"字中间一横比下面一横长，而壬字中间横短下横长。你能分辨清楚吗？

实践运用

　　有人常将"挺"的部件写成"壬"，你觉得正确吗？你知道它们之间的区别吗？

天干的第十位叫"癸"(guǐ)。

汉字探秘

"癸"最早见于商代甲骨文,像二物相交的样子(✗),稍复杂的写法是在四个角添加短画,有不出头(✗)和出头(✗)两种形状。小篆的"癸"四角形状发生变化,写作"✗"。从字形来看,斜向交叉的"十"字形"癸",似乎隐含着从四方汇聚而来的意思;从植物生长来看,"癸"表示的正是冬季万物闭藏,生命潜伏,孕育萌芽以期来年的生命阶段。

"癸"还有另一种形状"✗",上面是两只脚,下面是箭矢,表示用脚或者用箭矢来丈量的意思。因此《说文解字》由此认为,"癸"承"壬",像人的脚。后来慢慢变形,变成"✗"(bō,表示两足分开相背,行走不顺)

字头下"天"的"癸"字。

| 甲骨文 | 金文 | 小篆 | 隶书 | 楷书 |

文化溯源

一种观点认为,"癸"是"戣"(kuí)的本字。癸的甲骨文字形,像古代一种叫二戣的兵器,它的本义是古代兵器,"癸"被借用来表示天干后,为了避免混淆,便在"癸"的右边加上表示兵器的"戈"字,造了一个新字"戣",而"癸"作为兵器的本义从此就消失了。

一种观点认为,"癸"是"葵"的本字。"葵"在古代主要是指冬葵。依据是甲骨文、金文的"癸",形状像四片叶子对生,与冬葵的裂片状叶子相符,因此认定"癸"字的本义应该是葵菜,后来加了个"艹",就成了"冬葵、向日葵"的"葵"。

还有一种观点认为,"癸"是"揆"的本字。"揆"(kuí)是丈量的意思。依据是小篆的"癸"上面表示脚,下面是箭矢,表示用脚或者箭矢来丈量的意思。后来加上"扌",就成了"揆度"的"揆"。

在"众目睽睽"中,"癸"做声旁,"睽睽"表示睁大眼睛注视。众目睽睽的意思是在众人的注视之下。

天干中的"癸"对应季节中的冬季、方位中的北方、五行中的水。古代军中有句隐语(不把要说的意思明说出来,而借用别的话来表示),叫"癸庚",隐指是军粮。后称向人借钱为"庚癸之呼",又称同意告贷为"庚癸诺"。《说文解字》中认为:癸像水从四方流入地中的样子。壬和癸同为水,壬为阳水,江河之水;癸为阴水,雨露之水,阴柔之水。癸水还是桂

林漓江的别称。

天干是中华先祖总结的事物发展顺序和规律。十个天干，就是万事万物发展的顺序和生命成长的过程，如同草木的生长，从种子破壳而出的"甲"；到草木初生的"乙"；到万物长成的"丙"；到日渐壮实的"丁"；到草木茂盛的"戊"；到潜伏地中的"壬"；最后到闭藏待发的"癸"。宇宙万物就是按照这样的顺序循环往复地演化。有农学家认为，十天干起源于早期农业。

古人认为世界万物都由五种物质组成，即金木水火土，它们统一于阴阳，十个天干阴阳相间，分属一年四季春夏秋冬，对应东、南、西、北、中五个方位。有学者认为，整个阳性天干描述的对象是果树，而阴性天干描述的是蔬菜、粮食等草本作物。

有几句歌谣可以帮助我们了解十天干与四季、五行、方位的关系，我们可以记一记。春季甲乙东方木，夏季丙丁南方火，秋季庚辛西方金，冬季壬癸北方水，戊己中央四季土。

有同学要问：老祖先发明、研究这些有什么用啊？作用可大啦。十天干对应到农业，就是"种子、发芽、分蘖、成长、抽穗、成熟、收割、脱粒、选种、晾晒"这十个阶段，告诉农民伯伯什么时候应该做什么。对应到中医，则告诉人们如何根据季节、五行与阴阳来治病、养生。

实践运用

古人不仅将天干应用于古代天文学、古代哲学研究，古代医学也与天干息息相关。请你查一查中医里的"乙癸同源"是什么意思。

第 **11** 章

地支篇

天干地支　文化寻根

　　如果说十天干的产生和 10 个太阳的传说有关，它更多解释的是人类与地外星球（太阳）的关系，十二地支则代表了地球与月亮、人类与大自然的关系。天干地支的不同组合，代表了日、月、地球三个天体不同位相的不同组合。从古人观念看，天为主，地为从；从字面看，干为主，支为从。天干与地支的关系应为天干为主、地支为从。单纯学了天干，学生对干支历法的使用还不能完全理解；学习地支后，即可在理解中了解干支法在历史与生活中的应用。与"十天干"讲法不同的是，"十二地支"在汉字讲解的基础上，还增加了干支配对方式、相关干支年重大历史事件、地支纪月纪时方式及十二地支与十二生肖间的对应关系。对汉字的讲解，增加了形近字、字根组字，识字量更大；在汉字文化中，增加了相关的神话传说、历史人物、历史典故、古诗词，或是酒文化、兵器文化等方面的冷知识，从中获取的信息量更大，学生学习的兴趣更浓。

第四十九讲

子

古代历法文化中，天干为主，地支为从。十天干对应的是十二地支。十二地支从"子"开始。

汉字探秘

"子"最早见于甲骨文，开始"子"的甲骨文很像初成形的胎儿：头上有毛发，身下两条小腿，写作"𡿨"或者"𠙹"。后来头部增加一个囟（xìn）门（婴儿头顶骨未合缝的地方）的形状，写作"𠙴"。接着婴儿慢慢变大，上肢有褓褓包裹，后来上部像幼儿头发、头颅及两臂；下部像两条小腿并拢的模样。金文中，起初"子"字就像褓褓婴儿一样，后期"子"字的头部轮廓化，上肢和躯体瘦化成线条，慢慢地便完全线条化了（𡿨），两只手连成一条斜短横，身子和下肢简化成一条稍斜的垂线，突出婴儿头

大的特点。再后来发展成秦代小篆中的"子"（）。隶书中"子"字头部变成三角形，两只小手平伸，变成一横，躯体和下肢变成竖弯的形状。楷书中的"子"字便由隶书衍化而来。

| 甲骨文 | 金文 | 小篆 | 楷书 |

文化溯源

由"子"的甲骨文可知，"子"的本义是指刚出生的婴儿，后来引申为子女、下一代，如"子孙后代"。后来又由此泛指人，比如"子民"。古代作为儿女用法的"子"，现在常常专指儿子，如"子女、子孙、子嗣 (sì)、子弟"。"子"，又常被用来表示植物的果实、种子，或者表示动物的卵 (luǎn)，如"鱼子、蚕子"；还可以表示小而硬的颗粒状的东西，如"子弹 (dàn)、棋子"。

在中国古代，人们称老师或者称有道德、有学问的人也叫"子"。比如老子、庄子、孔子、孟子等先秦时期的诸子百家，孔子、孟子就相当于现在的孔先生、孟先生。因为"子"在古代是男子的美称或尊称，所以好多古人名、字、号上带一个"子"（古人除了名，还有字、号）。孔子有七十二个著名弟子，很多人的字号中带有一个"子"，如仲由，字子路；颜回，字子渊；冉求，字子有；公西赤，字子华。大文学家司马迁写过一篇《子虚赋》，里面讲了两个人，一个叫子虚，一个叫乌有（两个人名字原本就有虚构、没有的意思），他们不切实际，互相吹牛。后来人们就称那些不存在的或者不真实的事情叫"子虚乌有"。

十二地支中，子排在第一位，一为单数，单数为阳。天干地支中按照阳干配阳支、阴干配阴支的规律，子与天干中的甲、丙、戊、庚、壬五个阳支相配，分别是甲子年、丙子年、戊子年、庚子年、壬子年。干支纪年中一个循环的第一年称"甲子年"，从上一个甲子年到下一个甲子年共60年，所以说一个甲子60年。最近的两个甲子年分别是1924年、1984年。

干支法中，十二地支对应一年的十二个月，子月指的不是正月，而是农历十一月；十二地支对应每天的24小时，每个地支对应2小时。子时，指的也不是零时，而是深夜十一点到一点。

十二地支都有自己形象化的代表，就是我们常说的十二生肖。上古祖先从古代昼夜十二时辰的角度，解说地支和生肖的配属关系，并在十二时辰的启发下，发明了十二个生肖的排序。据说这十二种动物按脚趾数分为阴、阳两类，单数为阳，双数为阴。动物的前后左右脚趾数一般是相同的，唯独老鼠每只前爪有4个脚趾，每只后爪有5个脚趾，奇偶同体，物以稀为贵，于是排在了第一位，因此十二生肖中"鼠"也称"子鼠"。

实践运用

有人问，"屋下有子"为什么是"字"呢？我们常见的"文字"跟"子"有什么关系呢？这是一个很有趣的问题，你去查一查"文"和"字"的本义，或许就会明白了。

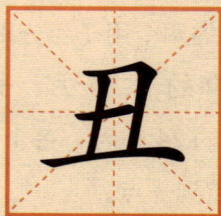

　　"丑"是生活中经常用到的字，居于十二地支第二位的"丑"与生活中常说的"丑"是一回事吗？

汉字探秘

　　"丑"的甲骨文写作"𠂔"，是手指勾曲揪住某物的样子，表示扭的意思。到了小篆（丑），逐渐演变为从"又"（手），从"丨"（物），表示手扭一物的意思。由此可见，"丑"的本义应该是扭，后来被借用来表示地支的第二位。

　　有人会问，明明本义为"扭"，为什么会有丑陋之意呢？其实，在古代，"丑陋"的"丑"和"子丑寅卯"的"丑"并不是同一个字。"丑陋"的"丑"繁体字是"醜"，后在汉字简化过程中，和"丑"并为一个字了。

尺　　彐　　丑　　醜　　丑

| 甲骨文 | 金文 | 小篆 | 楷书（"丑陋"之义的繁体） | 楷书 |

繁体字的"醜"是个形声字，左边的"酉"（酒）是声旁，右边"鬼"是形旁（古人认为鬼的面貌最为丑陋）。酒鬼的样子自然是丑陋且让人讨厌。因此"丑（醜）"的本义就是让人讨厌、相貌难看的意思，如"丑陋、丑态、丑恶"等。"丑"还是戏剧中的一个角色，"生旦净末丑"中"丑角"指的是戏剧中滑稽风趣的角色。

现在你明白了吧？表示地支的"丑"和表示"丑陋"的"丑"根本不是一回事。因此很多带有"丑"的汉字其实跟"丑陋"没有关系，而跟它的本义"扭"有关，比如"扭、妞、纽、钮"等字。

文化溯源

《说文解字》认为，"丑，纽也"。"纽，系也"，有"结而可解"之意。十二地支对应一年的十二个月，丑月接着子月，对应的是农历十二月；十二月阴寒之气已渐解开。

十二地支还对应一天中的 24 小时，丑时承接子时，是十二时辰中的第二个时辰，为凌晨一点至三点。三点大概是鸡鸣头遍之时。此时，人们开始苏醒但是身体还没动，尚处于迷糊状态，"丑"表示的正是人此刻"身未动而手微动"的状态。

你听说过"半夜鸡叫"的故事吗？丑时，公鸡打鸣才叫头遍，一般人都在熟睡之中。可是有个地主恶霸周扒皮为了让长工们半夜就起来给他干活，竟然偷偷跑到鸡窝学鸡叫，最后被长工们当"偷鸡贼"狠狠地教训了一顿。

东晋时，祖逖和刘琨二人为好友，常常互相勉励，为了苦练本领，报效祖国，每天半夜一听到鸡鸣，就披衣起床，舞剑练武，刻苦练习。后来人们用"闻鸡起舞"比喻有志报国的人及时奋发。

丑时，也是农家夜里起来给牛喂草的时间。"丑"也指十二生肖中的"牛"。"丑牛"并不是说牛长得不好看，而是地支与生肖的组合。干支纪年法中，凡是含有"丑"的都是牛年，这一年出生的人都属牛。

《说文解字》认为，"醜，可恶也"。意思是，"醜，让人厌恶"。现在我们常用的"丑"字，大多是此意。与"美"相对，用来形容难看的人或事物，比如形容长相丑陋让人生厌的人为"丑八怪"；也常用来形容不好的、不光彩的或者邪恶的人和事，比如"家丑不可外扬"，意思是家庭内部发生的问题不能让外人知道；把"举动不庄重，或行为让人不齿的人"说成是"跳梁小丑"。

在十二地支中，"丑"居于第二位。地支"丑"与天干中表示双数的乙、丁、己、辛、癸相配，分别是乙丑年、丁丑年、己丑年、辛丑年、癸丑年。今年2021年便是辛丑年。

历史上的辛丑年以1901年最为屈辱。那一年，清政府与由八国联军以及比利时、西班牙、荷兰组成的11国，签订丧权辱国的严重不平等条约（条约要求清政府赔款4.5亿两白银，分39年赔清。史称"庚子赔款"）。从此，清政府完全成为帝国主义统治中国的工具，标志着中国完全沦为半殖民地半封建社会。这就是中国近代史上著名的"辛丑条约"。120年后的今天，作为中华儿女，我们要牢记历史，发愤图强，为中华民族的伟大复兴而努力奋斗。

实践运用

了解了"丑"的本义，你能说说"羞"中为何有"丑"，表示什么意思吗？

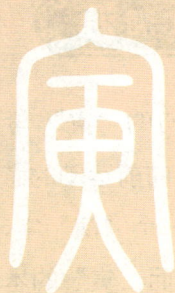

排在地支第三位的是"寅"。明朝四大才子之一唐伯虎为何取名"唐寅"？本讲探究"寅"的构字秘密和天干之寅背后的文化内涵。

汉字探秘

"寅"的甲骨文（），是一支将要射出的箭。而金文的"寅"（）下面多出两只手，像是双手捧箭的形状，有恭敬之意。篆书的"寅"（）上面的箭头变成了表示房子的"宀"，下面依然有双手捧箭的形象。隶变之后，就成了现在的"寅"字。

甲骨文	金文	小篆	楷书

　　最初的"寅"与射出的箭有关。俗话说"开弓没有回头箭",所以"寅"有向前运动的意思,被借用为地支以后,人们在它的左边加上"彳",另造了一个"演"字,表示推进、向前、扩散,比如"演变、演化、演进、演绎",而"寅"的本义就渐渐消失了。

　　为什么会把"寅"假借为地支的第三位呢?有一种解释似乎有些道理:把"寅"字拆开来,上面的"宀"可以表示广义的宇宙(宇宙二字,都是宝盖头),底下是"黄"字去掉上面的草字头。《千字文》开篇第一句就讲:"天地玄黄、宇宙洪荒。"这一句可以换一种读法,叫:"天玄地黄,宇洪宙荒。"从这个角度来解,"寅"字是天和地的结合体,把天看成一,地看成二,那么"寅"便是"三"。所以把"寅"放在了地支的第三位(参考"广老师讲国学")。

　　"寅",排在地支的第三位,和天干中的阳干相配,组成甲寅年、丙寅年、戊寅年、庚寅年、壬寅年。明朝嘉靖年间,发生了一起由宫女们意图杀死嘉靖皇帝的一次失败事件。由于此事发生在壬寅年,所以称之为"壬寅宫变"。相传,嘉靖皇帝朱厚熜为求长生不老近于癫狂,想以"吸风饮露之道"成仙。为采集甘露饮用,每天命宫女们凌晨即往御花园中采露,导致大量宫女累倒病倒,后来十数名宫女用黄绫布几乎把这位皇帝勒死,其中一个宫女因害怕报告皇后,事情败露,宫女们受到处置,后世的史学家称之为"壬寅宫变"。

　　庚寅年即公元1710年,清朝一部影响后世的汉字辞书集成问世,那就是《康熙字典》。1710年由康熙皇帝下旨,三十多位著名学者编撰了中国第一部以字典命名、首次采用部首分类法、按笔画排列单字的汉字辞书。全书分为十二集,以十二地支为排序,每集又分为上、中、下三卷,共收录四万七千零三十五个汉字，是汉字研究的主要参考文献之一。

以"寅"来纪月，表示的是农历正月。古人早起通过观察星象，依据斗转星移确定年岁。北斗星的斗柄从东方开始顺时针旋转一圈，就是一岁。有个成语叫"斗柄回寅"（夏历农历正月叫"寅月"），就是从春天开始，经过了夏、秋、冬四季即一年，又回到了春天，代表一年的开始的意思。以"寅"来纪时，表示凌晨三点到五点，是黎明前最黑暗的那段时间。老虎一般在这个时间就出来觅食了。这时候的老虎也是最活跃、最凶猛、伤人最多的时候，因此虎排在十二生肖中的第三位，它在生肖中的全名叫"寅虎"。凡是逢"寅"的年，都叫虎年，每12年一个虎年。

"寅"和虎常用来互指，中国古代四大名著之一的《西游记》中，称虎为"寅将军"。明代"四大才子"之一唐寅，相传出生于寅年寅月寅时，因此取名为"寅"。寅年属虎，又因他是家中长子，所以又取字为"伯虎"（伯仲叔季，分别表示排行老大、老二、老三、老四。"伯"表示长子。）不仅中国，在韩国，"寅"也表示老虎。2017年，韩国总统文在寅在访问俄罗斯时，盛赞普京总统有"西伯利亚猛虎气概"，还称自己跟老虎有缘，"名字里就有老虎"。

实践运用

中国有一位国学大师名叫陈寅恪，查一查他的出生之年，想想他的名字中为何有"寅"？

这节课讲地支的第四位"卯"。

汉字探秘

"卯"（mǎo）也是象形字。甲骨文的"卯"（㲋）是一个物体从中间剖开的形状，又像是打开两扇门。金文（㲋）和小篆（卯）字形变化不大，经过隶变（卯）之后，楷书写作现在的"卯"。

看甲骨文的字形，"卯"有把门打开的意思。"卯时"正是人们打开门劳作的时间。

| 甲骨文 | 金文 | 小篆 | 隶书 | 楷体 |

文化溯源

"卯"的字形更像一个物体从中间剖分开。古人在制木器、竹器时，为使两块材料接合在一起，特制了凹凸部分，凸出的叫榫（sǔn）头，凹下去的叫榫（sǔn）眼，也叫卯眼。我们从"卯"的甲骨文和金文隐约能看出竹器、木器的大体样子，这个凹下去的小孔就是"卯"。有个成语叫"卯不对榫"，指榫头对不上卯眼，用来比喻说话不对话题；成语"丁一卯二"，"丁"同金字旁的"钉"，"丁一卯二"就是丁卯合位，一丝不差，形容确实、牢靠。后来人们用加上"钅"的"铆"表示用钉子将金属物连接在一起。"铆足了劲"表示集中全力，一下子把力气全部使出来。

在十二地支中，"卯"排在"寅"之后，"寅吃卯粮"意思是今年吃掉了明年的口粮，比喻入不敷出，预先支用了以后的收入。子、丑、寅、卯分别是地支中的前四位，连在一起还是一个成语"子丑寅卯"，指事理。人们常说"说不出个子丑寅卯"，意思就是说不出个道理。

"卯"居于地支第四位，四为双数，为阴支，与天干中的乙、丁、己、辛、癸五个阴干相配，组成乙卯年、丁卯年、己卯年、辛卯年、癸卯年。乙卯年1915年，担任中华民国临时大总统的袁世凯，接受了日本妄图灭亡中国的"二十一条"，还自封皇帝，结果做了83天皇帝，就在全国人民的声讨声中下台。己卯年1999年11月20日，中国第一艘载人实验飞船"神舟"号发射升空；1999年12月20日，澳门回归祖国。

"丁"是天干第四位，"卯"是地支第四位，虽然都是第四位，但是一个属于天干，一个属于地支，不容混淆。有个成语"丁是丁，卯是卯"就是这个意思，形容对事认真，丝毫不含糊。

卯月接着寅月，指农历二月。《说文解字》中说："卯"，意思和冒出来的"冒"一样，农历二月，万物都从地上"冒"出来了。

一天中，卯时承接寅时，为早晨五点至七点，泛指早晨。卯正，是卯时的正中，相当于早晨六点。古时候，官员们上早朝的第一件事就是查点人数，也就是现在的点名，因那个时段正好是卯时，因此人们就把点名叫作"点卯"，大小官员听候点名叫作"应卯"，在点名册上签到则称为"画卯"。

卯时兔子出来觅食，"卯"代表的动物是兔，"卯兔"是十二生肖中兔的全称。所有的"卯"年都是兔年。

实践运用

"卯"和"卯"字形十分相似，你能根据字源准确区分它们吗？

辰

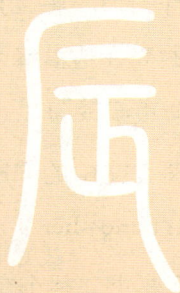

这节课讲地支的第五位"辰"。

"辰"是象形字，早期甲骨文的"辰"（）看不出像什么物体，中期、晚期甲骨文中的"辰"字像一种虫子。

有人说，这虫子学名蛴螬（qí cáo），是金龟子或金龟甲的幼虫，俗称土蚕，是危害农作物的地下害虫。早期金文的"辰"（），很像土蚕蜷曲的身体。土蚕在惊蛰时节（仲春时节）苏醒后蠢蠢欲动的样子，引申为

"震动"。《说文解字》认为，辰，震也。

也有人说"辰"是"蜃"（shèn）的本字，"蜃"是一种大蛤蜊，外面有坚硬的壳，边沿锋利（相传蜃蛤吐出来的气，会幻化成楼阁，这种现象就叫"海市蜃楼"）。

晚期金文中的"辰"（ ）结构就复杂了，突出了用手挖土蚕或者手持蚌蜃（bàng shèn）外壳的样子。隶书的"辰"（ ）比金文线条整齐得多，到了楷书，整个字就显得很硬朗了。

| 甲骨文 | 金文 | 隶书 | 楷体 |

文化溯源

根据古字形，人们一般认为"辰"的本义为使用蚌（bàng）壳（ ）磨成的割草的农具。相传上古时代，还没有出现金属以前，祖先就用蚌蜃锋利的甲壳作为切割的农具，称之为"蚌镰"（lián）。后来的镰刀，就是模仿蚌蜃甲壳边沿的样子打造的，蚌镰是最早的农具。因此这种"大贝壳"与农业相关，"农业"的"农"繁字体写作"農"，上面的"曲"是"田"的讹变；下面的"辰"表示蚌镰一类的农具，"農"表示人们用蚌镰一类的农具在田间劳作，后来简化为"农"。古文字中"农业"的"农"与"清晨"的"晨"同源，直到金文之后，"農"和"晨"才分化为两个不同的字形。"晨"金文写作" "，上面是"晶"指的是无数的"星星"，后简写为"日"。清晨，天上的星星依稀可见，正是农人下地干活的时间。

在农业时代，农事工具非常重要。渐渐地，这种工具便与季节农时联系在一起，作为农具的意思便消失不见了。后来"辰"被引申为"日月星"的总称。"星辰"统指星星。古代天体中有"金木水火土"五星之说，其中水星被称为"北方辰星"。唐代李白在《夜宿山寺》中写道："危楼高百尺，手可摘星辰。"意思是山上的楼好高啊，站在楼上简直可以摘到天上的星星。

"辰"还被引申指时光、日子。明代汤显祖的《牡丹亭》里面有一句："良辰美景奈何天，赏心乐事谁家院！"良辰美景，就是美好的时光与景物。生辰，原指出生的年、月、日、时，后来也与"生日"通用；诞辰，就是生日（大多用于所尊敬的人）。

"辰"居于地支第五位，与天干中的甲、丙、戊、庚、壬五个阳干相配，分别是甲辰年、丙辰年、戊辰年、庚辰年、壬辰年。

公元前 221 年庚辰年，秦始皇灭掉最后一个诸侯国——齐国，实现了六国统一，成为中国历史上第一个皇帝。

1976 年丙辰年是中国灾难深重的一年，三位重要领导人周恩来总理、朱德总司令、毛泽东主席先后去世；当年的 7 月 28 日，我国的河北省唐山地区发生里氏 7.8 级强烈地震。造成约 24 万人死亡、16 万人受伤。

"辰"是地支的第五位，辰月接着卯月，指农历三月。《说文解字》中认为：三月，阳气涌动，出现雷声闪电，万物开始生长，正是农忙的时候。在一天 24 小时中，辰时承接卯时，为早晨七点至九点，正是传说中神龙行雨的时间，因此"辰"代表的动物是龙，"辰龙"是十二生肖中龙的全称。所有的"辰"年都是龙年。

实践运用

含有"辰"的汉字多与农时农具有关，如"晨""震"等，你还能找出一些含有"辰"的汉字吗？

巳

排在地支第六位的是"巳"(sì)。"巳"和"己"、"已"如何区别呢?

汉字探秘

"巳"是象形字。甲骨文中的"巳"字有两种字形:一种(𠂤)像婴儿形状,跟金文中的"子"(𠂤)字形相似;另一种(𠂤)像尚在母亲腹中的胎儿(有学者认为,已经出生的婴儿叫"子",在母体内未出生的胎儿叫"巳")。金文的"巳",两种字形"𠂤""𠂤"都发生了改变,线条变得圆润。到了战国时期,这两个字变成了一个字"𠂤",有了现在"巳"字的雏形。"巳"的小篆(𠂤)更像一条蛇的形状,隶书(巳)看上去笨实多了,楷体的"巳"则显得方正稳健。

甲骨文　　　金文　　　战国文字　　　小篆　　　隶书　　　楷体

文化溯源

"巳"的本义指腹中生长的胎儿，但是在古代流传下来的书面语言材料中，几乎见不到它使用的痕迹。"巳"很早便被假借来表示地支的第六位，用来纪年、月、日、时等。

古人用"包"来表示母亲怀孕的形象，外面"勹"表示母亲的身体，"巳"表示腹中的胎儿。"包"是"胞"的本字。后来引申为把东西裹起来，如"包饺子"；又引申为包起来的东西，如"包裹、背包"；还引申为"容纳在内，如"包容"等。我们还会在很多字中看到"巳"的身影，如"奇异"的"异"、领导的"导"、巷子的"巷"等，其实这些字中的"巳"大多由其他字形讹变而来，与它的本义关系不大。

以"巳"纪年，和天干中的乙、丁、己、辛、癸组合，分别组成乙巳年、丁巳年、己巳年、辛巳年、癸巳年。有人说，辛巳年是危险的年份。辛巳年1941年12月，美国珍珠港遭日本偷袭，太平洋舰队几乎全军覆没。自此第二次世界大战全面爆发。60年后的辛巳年，即2001年9月11日，美国遭遇了迄今为止人类历史上最为严重的恐怖袭击，纽约世界贸易中心、美国国防部所在地——五角大楼，遭到恐怖分子劫持的飞机的猛烈撞击，世贸双塔轰然倒塌，造成3000多人死亡和失踪。"9·11事件"被美国政府称为历史上的第二次珍珠港事件。

以地支"巳"纪月，巳月接着卯月，指农历四月。上古时代，以地支纪日，每月的第一个巳日（每月有三个巳日）称为"上巳"。三月"上巳"

这一天人们都到河边用沐浴等方法除灾求福，魏晋以后把每年的三月初三固定为"上巳节"。这一天，除了在河边沐浴，人们还在水边宴请宾客，到郊外踏青游春。"春风元巳艳阳天""清明上巳西湖好"两句诗中，"元巳""上巳"都是写上巳节那天人们游玩时看到的美丽春景。

　　以"巳"纪时，指的是上午九点至十一点。此时蛇类出洞觅食，因此"巳"代表的动物是蛇。"巳蛇"是十二生肖中蛇的全称。所有的"巳"年都是蛇年。

实践运用

　　仔细观察"己""巳""巳"三兄弟，有不少同学依然容易混淆，你能从汉字本源的角度，讲清楚它们之间的区别吗？

午

排在地支第七位的是"午"。"铁杵"的"杵"、"忤逆"的"忤"等字中为何也有"午"？

汉字探秘

"午"是象形字。甲骨文的"午"字（ ，ᛁ）像舂（chōng）米的木杵（chǔ），就是把米放在容器里捣去皮壳的木棒。金文中的"午"字（ ， ）从甲骨文的象形简笔画，逐渐有了字的模样，看起来更像苍穹之下，自上而下、自下而上的两股力量交锋。小篆的"午"（ ）相对圆润，隶书的"午"（ ）笔画变得利落，直至后来变成现在的"午"字。

甲骨文　　金文　　小篆　　隶书　　楷书

文化溯源

　　从字形来看，"午"是"杵"的本字，本义就是舂杵，即捣米的木棒，也泛指棒子。有个成语叫"铁杵磨针"，说的是大诗人李白小时候不认真读书，经常是把书本一抛就出去玩耍。一天，李白遇到一位白发苍苍的老婆婆正拿着一根大铁棒在石头上磨，便好奇地问她做什么，老婆婆告诉他，要把铁棒磨成一根绣花针。李白深受感动，从此就用功读书，终于成为文豪。后来就有了"只要功夫深，铁杵磨成针"的谚语。这里的"杵"就是"午"字的本义。

　　《说文解字》认为，"午"是"牾"（wǔ）的本字，有抵触、违逆的意思。后来写作"忤"（wǔ），和"逆"连在一起，组成"忤逆"这个词，表示对上级违抗、冒犯，或对父母不孝敬。封建社会，如果子女不孝顺父母，父母可以到官府状告子女"忤逆"，一旦"忤逆"罪名成立，子女会受到最严厉的刑罚惩处。

　　"午"被借用来表示十二地支的第七位，与十天干中的甲、丙、戊、庚、壬相配，分别组成甲午年、丙午年、戊午年、庚午年、壬午年。甲午年也就是1894年，日本发动了侵华战争，这场战争以中国失败而告终，清朝政府建立了六年之久拥有了105艘军舰船只、4000余名官兵的北洋海军舰队全军覆灭。1895年，清朝政府被迫签订了《马关条约》。这场战争发生在甲午年，因此又叫"中日甲午战争"，甲午战争给中华民族带来深重灾难。

　　"午"用来纪月，表示农历五月。农历五月初五是中国三大传统节日之

一的端午节。端午的"端"是"初"的意思，五月是"午"月，所以五月初五就是"端午"了。在端午节这天，好多地方都有吃粽子 、划龙舟 的习俗。

"午"用来纪时，指的是上午十一点至下午一点，也泛指白天或夜晚的中间时段。比如"午时""午夜"。中午十二点左右，叫"正午"。宋代诗人程颢在《春日偶成》中有诗句"云淡风轻近午天"。"近午天"意思就是快到正午时分。午时阳气正盛，正是天马行空的时候。因此"午"代表的动物是马，"午马"是十二生肖中马的全称，所有的"午年"都是马年。

在方位上，"午"对应的是正南方向，"子"对应的是正北方向，连接地球表面的南极和北极，并且垂直于中间赤道的弧线，地理学上叫"子午线"，也叫"经线" ，所有经线长度相等。北京故宫的正门叫午门 ，因为它是皇宫的南门，而且位于紫禁城南北轴线，居中向阳，因此取名"午门"。

实践运用

为什么古代行刑总会选择"午时三刻开刀问斩"呢？你可以去查阅资料了解一下。

未

地支第六位为"未","未"和"木"在造字方面是否有关联呢？

汉字探秘

　　"未"是象形字。甲骨文的"未"有两种字形，一种近似于甲骨文"木"（米）的形状，但是夸大了上面表示"树枝"的部分，暗指"未"的本义是指树上新发的嫩枝；另一种在"木"上添加一个两端向上的笔画（凵）直接表示这是树上新发的嫩枝（未）。"未"的金文（米）和小篆（米）字形相近，看起来像一棵枝繁叶茂的树木。演变到隶书（未）、楷体（未）时，成了"木"上一短横的字形，整个字整齐方正。

　　有趣的是，与"未"相近的"末"和"本"并非象形字，而是指事字，特指树木的末梢和根部。

在"木"的树梢处画一横就是"末"，指树梢，引申指事物的末端、后面，如"末尾"等。区别"末"和"未"，有人针对这两个字的第二画：末日很短，未来很长。既形象又有哲理！

在"木"的树根处画一横就是"本"，指树根，引申为根本。"本"指树的根部，"末"指树梢，树根、树梢当然不能搞颠倒了，所以人们常用"本末倒置"来比喻把主要、次要的关系弄颠倒了。

| 甲骨文 | 金文 | 小篆 | 楷书 |

文化溯源

"未"的甲骨文、金文都像是一棵繁茂的大树。枝叶繁茂就会遮蔽光线而显得昏暗，因此用作否定词，表示没有、不。如"未雨绸缪"，没有下雨先修缮房屋门窗，比喻在事情没发生之前先做好准备。"未卜先知"，没有占卜就知道事情发展的结果，比喻有预见性。北京大学有个著名的标志性景观叫未名湖，当年为这个人工湖征集名字的时候，大家竞相命名，但都不满意。国学大师钱穆认为，这个没有名字的湖，干脆就叫"未名湖"。久而久之，"未名湖"倒成了这个湖的名字且声名远播。中医上有个理念"治未病"。治，治疗；未病，就是还没有生病。"治未病"意思是事先采取措施，防止疾病发生。

"未"还特指树梢处生长出来的嫩枝新叶。这些新发的嫩枝叶是先民们每年春季美味的菜品。如香椿叶至今仍是桌上的一道美味。新枝嫩芽美味可口，于是人们加了"口"旁，造了"味"字，表示味道、美味之意。又因为树梢上的嫩芽，嫩而小，人们加了个"女"旁，造了"妹"字，将幼小的女孩叫作"妹妹"。

"未"表示新发的嫩枝，新发嫩枝有待将来茁壮繁茂。因此"未"引申出"未来"的意思，表示从现在往后的时间，是相对于过去和此时此刻来说的。任何事物都有未来，有一门专门的学问叫未来学。我们是祖国的未来，意思是我们是祖国未来社会的继承人。

"未"排在地支第八位，和天干中的乙、丁、己、辛、癸相配，分别组成乙未年、丁未年、己未年、辛未年、癸未年。己未年1919年5月4日，北京发生了一场以青年学生为主的反帝反封建的爱国运动，被称为"五四运动"，从此，中国革命进入新民主主义革命时期。

"未"，用来纪月指农历八月；用来纪时，为下午一点至三点，此时羊儿吃草会长得更壮。因此"未"代表的动物是羊，"未羊"是十二生肖中羊的全称。所有的"未"年都是羊年。

实践运用

怎样区别"未""末""本"？你有什么更好的方法吗？

申

排在十二地支第九位的是"申"（shēn），"申"和"电"有何关联吗？

汉字探秘

时间回溯到 3600 年前，一个月黑风高的夜晚，劳累了一天的先民们聚集在山洞里正准备入睡，一串轰鸣的雷声从远处传来。隆隆雷声中，一个霹雳在头顶炸响，天空像被撕开一道口子，闪电像一条条火蛇在漆黑的天空中游走。先民们惊恐万状，乱作一团……又是一个不眠之夜。风停了，雨住了，一位年老的族长叹了口气，在一旁的甲骨上一刀一刀刻下了一个图画文字"申"。这就是"申"的甲骨文，本义就是闪电。金文的"申"笔画由直的线条变成扭曲的弧线（申、申）。小篆的"申"笔画变得舒缓，中间的曲线拉直，两端由上下变成左右平齐。隶书中，将"臼"（jiù）中间分开的笔画连起来，变成扁日（曰），最后演变为现在的楷体"申"。其实，"申"就是"闪电"的"电"的本字。后来为了区别，给"申"增加了个"雨"字头，创造了"雷電"的"電"，后来去掉上面的雨字头成了现在的简化字"电"。

| 甲骨文 | 金文 | 小篆 | 隶书 | 楷体 |

中国的汉字很神奇，使用的时候可要看仔细哦。比如这个"申"字，若是竖不出头，就是"甲乙丙丁"的"甲"；竖不留尾，又成了"自由自在"的"由"；竖没头没尾，则变成"田野"的"田"；将中间的一竖甩出去，就变成了"闪电"的"电"。你说汉字像不像一位百变的魔术师？

文化溯源

"申"，本义是闪电，后来假借指陈述、说明。如"申明"，就是郑重地说明；"申辩"，是指（对受人指责的事情）申述理由，加以辩解；"重申"，就是再次申述；"三令五申"，意思就是再三地命令和告诫。现在的公务员考试中有一个科目叫《申论》，这里的"申"就是申述、说明，"论"就是议论、论证。申论，实际上就是写作文。申，曾经有伸展、延伸的意思，但自从出现了带"亻"的"伸"后，这个意思就消失了。

申，还是上海的别称。在上海随处可见和"申"有关的单位和大楼名字，如申通快递、申花足球队、申银万国大厦。上海被称为"申城"，这与一个名叫黄歇的人有关。2300多年前的战国时期，为了对付越来越强大的秦国，出现了著名的"战国四公子"。其中一个人叫黄歇，是楚国大臣。他

一次又一次为国家立下赫赫战功，楚王就把包括上海在内的江东地区分封给他，并给他封号春申君。他在这里兴修水利，带领人民开凿的河道，成了上海人的母亲河，后来人们称它为黄歇浦、春申江，现在叫黄浦江。上海建市之后，人们称上海为申城，除了有纪念春申君的意思，也是请他出来做镇市之神，图个吉利。2002年9月，上海申博成功的欢庆晚会上，第一首歌就是《告慰春申君》。

"申"是地支的第九位，纪年时与天干中的甲、丙、戊、庚、壬分别组成甲申年、丙申年、戊申年、庚申年、壬申年。壬申年1368年，明太祖朱元璋称帝，拉开了中国历史上又一个朝代的序幕。276年后的甲申年1644年，农民领袖李自成带领起义军攻陷大明首都北京，崇祯皇帝朱由检自缢身亡，明朝灭亡。仅仅过了40天，清军南下，发生九大屠城事件，导致中国人口严重锐减。因事件发生在甲申年，又被称为"甲申国难"。庚申年1860年，举世瞩目的圆明园被毁，清政府先后签订了丧权辱国的《天津条约》和《北京条约》。"申"，纪月时，指农历七月；纪时，为下午的三点至五点，此时猴子最为活跃，因此"申"代表的动物是猴。"申猴"是十二生肖中猴的全称。所有的"申"年都是猴年。

实践运用

查一查，"申"加上部首后，还可以组成哪些字？

排在地支第十位的是"酉"。"酉"和"酒"有什么联系吗?

汉字探秘

甲骨文的"酉"(酉),像玻璃瓶或陶瓷花瓶,上面还加了个塞子。这个字读"yǒu",是底子尖尖的酒壶、酒瓶或酒坛子形状。战国时的"酉"字(酉),身子变圆变短。到金文里,这个盛酒的容器(酉),彻底像个酒坛子而不是酒瓶、小酒壶了。小篆中的"酉"字,下面二横变成向下带折的一笔;隶书中折画变成了一个短横;发展到楷书,字形基本没变。

| 甲骨文 | 金文 | 小篆 | 篆书 | 楷体 |

有个字跟"酉"长得很像，只是下面少了一横，它是"东西南北"的"西"。从"西"的甲骨文（）可知，它原来是一只鸟窝，跟酒坛子没有关系。尽管字形很相像，但是回到这两个字的本源，你就不会写错它们了。

文化溯源

"酉"的本义是盛酒用的酒器，代指酒。后来"酉"字借用到地支后，人们就在"酉"字左边加了个"氵"，另造了"酒"这个字。

远古时候，酒作为祭祀时必备的祭品，人们用它敬天地、敬神明、敬祖先。领导祭祀的就是管酒的人，叫酒官。在我国最早出现官职级别记载的《周礼》中，提到的有关酒的官职有670多人。最大的酒官叫"酒正"或"大酋（qiú）"。"酋"字的金文和小篆分别是"　""　"，看上去很熟悉吧？酒瓶子、酒坛子上面两只手。大酋是所有酒官的头儿，引申为长官。酋长是部落首领，大酋长是国王。其中有个"祭酒"，后来正式成为一种官职，又叫"国子监祭酒"，相当于现在的教育部部长兼北大校长。

中华民族有历史悠久的酒文化，在新华字典上找带"酉"部首的汉字，有125个，而且绝大部分意思跟酒有关。如造酒，叫"酝酿"（yùn niàng）；买酒或卖酒叫"酤"（gū）；向人敬酒叫"酌"（zhuó）；喝酒喝得正快乐，叫"酣"（hān）；酒喝过量了叫"醉"（zuì）、"醺"（xūn）；喝得不知道自己叫什么名字了叫"酩"（mǐng）；醉得不知道和谁一起喝酒了叫"酊"（dǐng）。为了说明无节制地饮酒会做出伤害人的事，古人还专门发明了一个字，在"酉"字的右边加了一个"凶"，叫"酗"（xù）。"酉"部的字还与因发酵而制成的食物有关，如"酱、醋"等。

文人墨客大多好酒。历史上有很多和酒有关的诗句："对酒当歌，人生几何""明月几时有，把酒问青天""借问酒家何处有？牧童遥指杏花村"……

有的表面上看不到"酒"字，但仍然写的是酒。"何以解忧？唯有杜康。"这里的杜康，是夏朝的国君（即少康），中国制酒业的祖师爷，后世经常用"杜康"代指酒。

"酉"，还是山的名字，指大酉、小酉两座山。相传上古时皇帝和古代多位圣贤在山上藏过书。后来人们就常用"书通二酉""才贯二酉"，比喻人读书多，学识渊博。

在十二地支中，"酉"位于第十位，与天干中的乙、丁、己、辛、癸分别组成乙酉年、丁酉年、己酉年、辛酉年、癸酉年。"酉"，纪月，指农历八月；纪时，指晚上的五点至七点。古代衙门早晨五、六点钟要点卯（点名），在酉时，刚好太阳下山的时候下班，叫"退衙"或"放衙"。有个成语"书画卯酉"，指卯时签到，酉时签退，意思就是上下班。酉时，刚好是鸡进窝的时候。所以，"酉"代表的动物是鸡。"酉鸡"是十二生肖中鸡的全称，所有的"酉"年都是鸡年。

实践运用

　　我们知道"酉"加上"氵"是"酒"，那么"氵"加一个东西南北的"西"字，是什么意思呢？你能说说它们之间的区别吗？

戌

排在地支第十一位的是"戌"（xū），这个字特别容易和"戊、戌、戎"等字混淆。

汉字探秘

看到"戌"，你一定会记起排在十天干第五位的"戊"。仔细看看，这俩字有什么相同与不同的地方？对啊，它们都是"戈"部，都有一"丿"，唯一不同的是"戌"当中多了一横（héng）。我们知道带有"戈"部的字，一般都跟兵器、战争有关，"戌"也一样，其早期的甲骨文（中）就像一把口宽宽的大斧头，有斧身，有斧柄，有顶钩，有脚叉，大家看像不像？晚期甲骨文的"戌"（中），斧身变成了三角形；金文的"戌"（中）斧身变细，斧柄歪斜了，脚叉横斜、顶钩开叉；到小篆阶段（戌）变化更大了，斧身越发变小，斧口越来越宽，斧柄下端的分叉长（cháng）得很夸张；隶书时，"戌"不再是简单的象形图画，已经彻底演变成笔画舒展的文字；楷体的"戌"显得更加工整。由"戌"做偏旁，还可以构成其他的字：加一个"口"字，就成了"戚（xián）鱼"的"戚"；加上"女"，则变成"威（wēi）风"的"威"。

| 甲骨文 | 金文 | 小篆 | 楷书 |

文化溯源

　　"戌"字的本义是一种口比较宽的斧头类兵器。古时候，斧与钺（yuè）是不分的，都是兵器，长柄巨斧名为钺，也叫大斧，长达三米。这里我们认识几把有名的战斧。　——这是《水浒传》里李逵（kuí）和他用的短柄大板（bǎn）斧，让朝廷的将军和官员闻风丧胆；　——这是宣花斧，古代长兵器的一种，又名"马战斧"，斧宽五寸，柄长七尺，重六十四斤，隋唐时期的程咬金——　带着它东征西讨，为唐太宗李世民立下汗马功劳；　——这是开山大斧，明朝开国大将胡大海曾用此兵器，两次打败元朝将领，击退10万金兵，岳飞也曾用开山大斧和钩镰枪配合，大破金兀术（jīn wù zhú）的铁浮屠。开山大斧战绩辉煌。

　　有几个字都是"戈"字部，长得也很像，但形、音、义各不相同，一定要注意区别。天干中的"戊"，本指名为"钺"的长柄巨斧；地支中的"戌"是一把用来镇压、屠杀奴隶的短柄宽口大斧，中间的一横就表示战斧的宽口。"戎"由"戈"和一个十字符号构成，有学者说十字符号是"甲"字，

意思是铠甲用于防御，也有学者提出"戎"下的"十"字是盾牌，无论是铠甲还是盾牌，都是用于防御的。"戎"字中既有用于进攻的兵器"戈"，又有用于防御的兵器"十"，这个字的本义就是兵器的总称。"戍"，由"人"和"戈"组成，"人"在"戈"旁，是守卫的意思。

"戌"，是十二地支的第十一位。用来纪年时，和天干中的单数位组合，分别组成甲戌年、丙戌年、戊戌年、庚戌年、壬戌年。壬戌年 1898 年，以康有为为首的改良主义者，通过光绪皇帝所进行的资产阶级政治改革运动，遭到以慈禧太后为首的守旧派的强烈反对，这年 9 月，慈禧太后发动第三次政变，光绪被囚禁在瀛（yíng）台，维新派遭到捕杀或逃亡国外。历时仅 103 天的"戊戌变法"终于失败，也叫"百日维新"。被杀害的谭嗣同等 6 人被称为"戊戌六君子"。

甲戌年 1934 年，是中国现代散文发展的鼎盛时期，被称为"杂志年""小品文年"。鲁迅在这年 5 月写过一首《戌年初夏偶作》，其中的"于无声处听惊雷"被人们广为传诵。

"戌"用来纪月时，指农历九月；用来纪时时，指晚上的七点至九点，这时刚好是人类忠实的朋友——狗，开始值班守夜的时候，所以"戌"代表的动物是狗。"戌狗"是十二生肖中狗的全称，所有的"戌"年都是狗年。

实践运用

想一想，有什么好方法区别戌、戍、戊、戎四个字呢？

地支的最后一位是亥（hài）。十二生肖中为何有"亥猪"一说？

汉字探秘

　　"亥"的甲骨文是一头猪的象形，因此有人认为最初"亥"和"豕（shǐ）"应该是同一个字。仔细看甲骨文中的"亥"（　），上面的短横表示猪的头，中间是脊背，左侧可以看到清晰的腿和尾。早期金文"亥"（　）的笔画长短发生了变化，基本看不出猪的样子了；晚期金文的"亥"字（　）头上又多了一横。小篆中的"亥"字（　），笔画较以前复杂些，但基本有了现在"亥"字的雏形；隶书中的"亥"字下面几个笔画看上去比较分散；发展到楷体"亥"字才显出方方正正的汉字特点来。

　　随着汉字的演变，"亥"和"豕"分为两个字。"豕"表示猪，"亥"专为地支名。

| 甲骨文 | 金文 | 小篆 | 篆书 | 楷体 |

"亥"也成了很多形声字的声旁，如"咳嗽"（ké sou）的"咳"字；"应该"的"该"（gāi）字；"孩（hái）子"的"孩"字；"雕刻"（diāo kè）的"刻"字。

文化溯源

"亥"和"豕"字形相似，很容易弄错。成语"鲁鱼亥豕"讲的就是这个意思。"鲁"和"鱼"、"亥"和"豕"字形相近，容易搞错，这个成语就指书籍在刻印过程中的文字错误。现在常用来表示书写错误或者不经意间犯的错误。

"亥"表示地支的最后一位。纪年时，和天干中的阴干相配，分别组成乙亥年、丁亥年、己亥年、辛亥年、癸亥年。

宋朝第一位皇帝宋太祖赵匡胤生于丁亥年（927 年），他的弟弟、宋朝第二位皇帝宋太宗赵光义生于己亥年（939 年），历史上称"二亥"。

中国近代史上有一个重大的历史事件，叫"辛亥革命"。晚清末年，内忧外患，中华民族到了危亡关头。以孙中山为首的革命派决心通过革命来推翻清朝政府，建立共和体制。经过多次起义失败后，辛亥年 1911 年 10 月 10 日，革命党人发动了武昌起义。1912 年元旦，孙中山就职中华民国临时大总统，正式宣告中华民国的诞生。1912 年 2 月 12 日，清廷发布退位诏书，中华民族从此结束了 2800 多年的封建统治。这段时间连续的革命事件被称为"辛亥革命"。

"亥"，用来纪月指农历十月。用来纪时，指夜晚的九点至十一点，此时猪睡得最熟，鼾声最为响亮。"亥"字本便指猪，因此十二生肖中"亥"代表的动物是猪，所有的"亥"年都是猪年。

古人研究天文学、地理学时，天干地支都对应一定的方位，卯、酉、午、子分别代表正东、正西、正南、正北的位置。按照古人的说法，"亥"对应的是北方，具体指西北方向北斗星所在的位置。

中国传统文化中，认为北斗星是猪的化身。吴承恩笔下《西游记》中的天蓬元帅猪八戒，是北斗星下凡。秦朝第二位皇帝秦二世，名叫胡亥，叫"胡"是因为他妈妈赵氏是少数民族人，古时候称少数民族为"胡"。据说赵氏在怀她儿子时，梦见天空有七颗光彩夺目的大星星，突然混作一团，变成一颗白瓜子，飞入赵氏嘴中，她来不及吐出来，就已经掉进肚子里。刚好孩子出生又在亥月，所以秦始皇就给他取名"胡亥"。胡亥 21 岁时即位，因错用奸臣赵高，引发农民起义，24 岁时被逼自杀。

天干地支还对应相应的季节、五行、阴阳属性。而亥为阴，对应冬季，五行属水。

天干地支，是古人通过观察天体运转对地球产生的影响而得出的结论。在古代，天干地支是数术、天文、地理、哲学、农业、中医等各类知识的根本，在传统文化中有一定的代表性，如果有兴趣，你可以继续去了解其背后深厚的文化意蕴。

实践运用

学完了天干地支，你可以去查一查自己的出生时间，在干支历法中是哪年哪月哪日。

第 **12** 章

十二生肖篇

生肖文化 寻根探秘

　　作为中国传统吉祥文化的十二生肖，历史可以追溯到秦以前的春秋战国。子鼠丑牛，寅虎卯兔，辰龙巳蛇，午马未羊，申猴酉鸡，戌狗亥猪。十二地支与生肖相配，一岁一瑞兽，是每一个人的吉祥属相。十二生肖两两相对，每一组都有美好的寓意，体现着祖先对后人殷切的期许。比如第四组马和羊，马一往无前，给人一种昂扬向上的力量；羊温驯谦和，给人带来安宁、祥和之感。马羊组合，一动一静，好像在启示我们，生活中既要有奋发向前的勇气，也要有祥和安宁的静气，这样的生活才会更加美好。

　　十二生肖对应汉字基本都是象形字，但经过多年的演变，很多字从字形上已经看不出动物原本的样子。但汉字所代表的动物的形象特点、文化内涵、历史故事代代流传，凝聚千年，成为中华文化弥足珍贵的文化资源。

鼠

　　"鼠"这个汉字，大家应该不陌生。一看到它，也许你的眼前会出现一只长尾巴灰身子的过街老鼠，也可能是一只奔跑不息的宠物仓鼠，或者是那只神气活现的米老鼠。

汉字探秘

　　"鼠"是象形字，甲骨文的"鼠"就是一只龇牙咧嘴的老鼠的象形。上面是它的头部，我们能看到它张开的嘴巴和锋利的牙齿；下面是它的身子，能看到它有力的爪子和长长的尾巴。比较一下"鼠"的图片和"鼠"的甲骨文，你会发现，两者几乎完全一致。象形字在表示动物的文字上尤其形象。

| 甲骨文 | 金文 | 小篆 | 隶书 | 楷书 |

到了金文（𪔂），鼠的尾巴依然很长，上面则突出了它的牙齿和爪子；小篆（鼠）虽然形体发生了变化，但是大大的脑袋，肥肥的身体，拖长的尾巴，依然很清晰；到了楷书，"鼠"的样子不怎么清楚了，但这个汉字看起来美观多了。从甲骨文一眼可见的"鼠"，历经金文、小篆、隶书的变化，再看今天我们熟悉的楷书"鼠"，你就会知道上面的"臼"表示鼠的头部，里面的两个短横是牙齿；下面表示鼠的身体、四肢和尾巴。

文化溯源

有人会问，小小的老鼠既没有老虎的威武，也没有牛马的忠诚，它为什么能排在十二生肖的第一位呢？这其中有很多传说，其实我们单从这个"鼠"的字形，也能发现小小老鼠不一般。

古人造"鼠"字的时候，特别保留了它的牙齿，这是为什么呢？据说老鼠的牙齿每天都在生长，所以它要一刻不停地咬东西，而且什么东西都咬，小到衣服、书籍，大到树木、房梁，破坏力之强让人咋舌。难道是这个原因

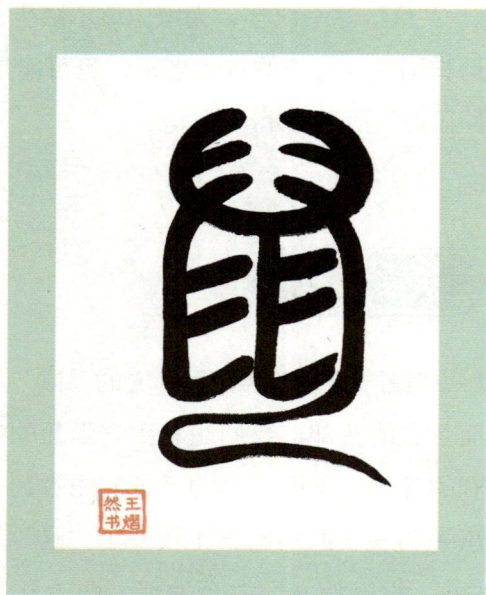

南京致远外国语小学分校二2班　王熠然

让它成为十二生肖之首？这显然没有说服力。但由此我想起一个远古神话：传说很久很久以前，天地混沌，一团黑暗。夜半子时，有一只小小的老鼠，用它那锋利的牙齿，勇敢地把天咬开了一个洞，这时光亮才得以进来，世界才有了光明。"鼠咬天开"让小小的老鼠成了开天地的大英雄。

再看"鼠"字下部肥肥的身体，别看老鼠体形较小，它的生殖能力可太吓人了。它的妊娠期只有 21 天，一胎最多可以生 24 只小老鼠。照这样计算，一只母老鼠，一年能繁殖 5000 只左右的小老鼠。难怪老鼠家族数量极为庞大。你看，老鼠家族繁殖力惊人，生命力超强，再加上"鼠咬天开"的远古神话，这样看来，它排在十二生肖之首是不是还有点道理？

实践运用

这个汉字后来还成了"鼠"字家族的母体字，比如"鼹、鼯、鼬、鼷、鼫"——一看字形就知道，这些字一定跟"鼠"有关系。它们都是形声字，"鼠"是形旁，另外一部分是它们的声旁。现在可以读一读这些动物的名字了吗？鼹鼠、鼯鼠、黄鼬、鼷鼠、鼫鼠。

人们对鼠的印象一直不太好。比如批评一个人目光短浅，只顾眼前，我们会说这个人"鼠目寸光"；讽刺一个人不像好人，我们会说这个人长得"贼眉鼠眼"；还有"抱头鼠窜""胆小如鼠""过街老鼠"等。从这些成语中，我们感觉人们对鼠的印象确实不怎么好。那么，有没有可爱一点的、讨人喜欢的小老鼠呢？日本就有这样一只小老鼠，它的故事——《可爱的鼠小弟》被称为"绘本界的劳斯莱斯"，据说中文版发售量已超 500 万册，你可以去读一读。

牛

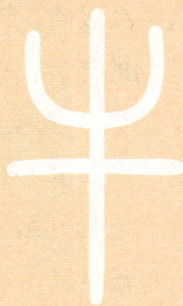

说到"牛",也许你的眼前会立即浮现出这样一幅有趣的画面:牧童骑黄牛,歌声振林樾。意欲捕鸣蝉,忽然闭口立。想象一下,顽皮的小牧童高坐牛背,一会儿放声高歌,一会儿屏息仰望。那只温驯的老牛稳稳地载着牧童,缓缓而来。这是一幅多么美好的画面!

汉字探秘

"牛"的甲骨文和牛的头部极为相似,上面是弯弯的粗长的牦角,下面是耳朵,中间是面部高高的鼻梁。金文、小篆字体变化不大。

到了隶书和楷书,牛的弓形牦角拉直,右侧被折断,但是高高的鼻梁和两侧的耳朵保留了下来。"牛"是牛首的象形,以牛的角、耳朵、鼻梁等头部特征代表整头牛的形象。

牛首图　　甲骨文　　金文　　篆书

文化溯源

　　从古至今，牛一直是人类的好帮手。从很多汉字中能看出，以前很多农业生产劳动都是依靠牛（主要是黄牛和水牛）来完成的。如"牧"的右边"攵"表示"手持鞭子"，牛在人的指挥下劳作叫"牧"；又如"犁"，下面的"牛"表示牛拉犁耕地。据考证，早在商代，人类就利用牛拉犁耕地，从事农业劳动了。

　　十二生肖中，牛是勤劳的象征。人们对牛不仅有感激之情，还有敬畏之意。"牛"跟古代祭祀文化密切关联。古人认为，牛是有灵性的牲畜，甚至可以通神。因此，在古代重大的祭祀活动中，以"牛"为祭品以示尊贵。汉字"告"，上面的"牛"是祭品，下面的"口"表示在祖庙里讲述重要的事情，向神灵或祖先"祷告""告诉"。"牛"在远古祭祀文化中有着十分重要的地位。

　　什么样的牛才能被选为祖庙中圣洁的祭品？成为祭品的牛有着怎样的待遇和地位呢？我们可以从两个汉字中找到答案：牺、牲。现在人们常说的"牺牲"，指的是为了正义事业献出自己的生命或者舍弃自己的利益。在远古，"牺"和"牲"指的是重大祭祀活动中用的祭品"牛"。以牛为祭品是极其尊贵的表现，因此在牛的选择、豢养、毛色、体态方面都大有讲究。耕牛不能用，犄角不正不能用，体形不够高大不能用，毛色不纯、身体有残缺也不能用。饲养的"牛"一旦被选为祭品，"衣以文绣，食以刍菽"，吃好穿好不说，身份也高贵起来，连国君见到它也会礼遇有加。其中

那些"毛色纯一，无杂色"的牛就叫"牺"；"体形完整，无残缺"的牛就是"牲"，所谓"祭天地宗庙之牛完全曰牲"。所以，"牺牲"一词最早指的就是为祭祀这样神圣的事业献出生命的完美纯正的"牛"，后人将"为正义事业献出生命"的行为叫作"牺牲"。还有一些"牛"偏旁的字，也很有意思，比如"特别"的"特"最早指的是官署饲养的公牛；"动物"的"物"指的是杂色牛。

实践运用

人们对牛的情感浓缩在很多耳熟能详的词语之中。比如，我们称"老老实实、勤勤恳恳工作的人"为"老黄牛"；"心甘情愿为大众服务，无私奉献的人"为"孺子牛"；"不怕困难、锐意进取的人"叫"拓荒牛"。如今，"三牛"精神正成为每一个中国人筑梦远航的精神力量。还有很多和牛相关的成语也很有意思，你不妨去读一读，想一想：如"牛气冲天，牛鬼蛇神，对牛弹琴，九牛一毛，风马牛不相及"……

南京致远外国语小学分校二1班　洪正澄

　　有人说，十二生肖中，两个一组，相互补充，人生才更完美。鼠和牛为第一组，老鼠狡黠聪慧，老黄牛勤勤恳恳。如果人生仅有聪明而没有勤勉踏实的行动，难免沦为小聪明；而如果仅有勤劳没有智慧，那么又会变得愚昧。希望我们每个人既能拥有鼠的聪慧，又能具备牛的勤劳，做既聪明又能干的人。

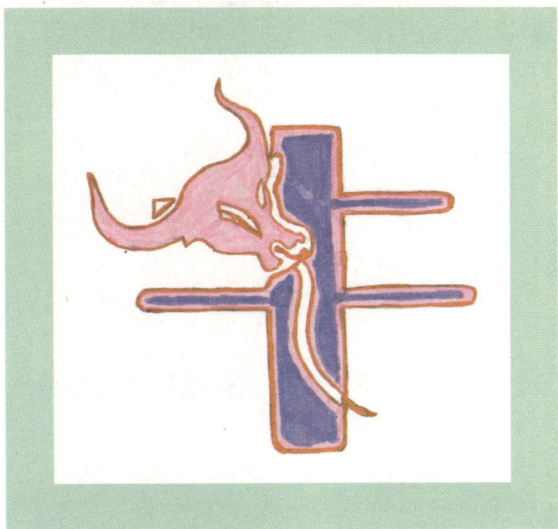

南京致远外国语小学分校一3班　林越尧

虎

虎为山林之王，十二生肖中"虎"文化也自带几分威严。

汉字探秘

　　看到"虎"这个汉字，你也许会问，"虎"是象形文字吗？为什么从字形中看不出一点老虎的样子？老虎头顶"王"字，眼神炯炯，充满杀气。一张血盆大口，满口锋利的牙齿，满身黄色的斑纹，壮硕的身躯，危险的尾巴，让人望而生畏。而今天，我们从"虎"这个汉字中似乎已经找不到这些特征了。那么，"虎"字是怎么演变成现在这个字形的呢？

　　甲骨文的"虎"（ 𧇂 ）是一只张牙舞爪的老虎，头朝上，尾朝下，是立着的样子；金文变化不大，依然能清晰地看到虎头、虎口、虎牙、有条纹的身躯、爪子和尾巴；到了小篆（ 𧇨 ），细心的你会发现，虎的身下有一

虤　　虤　　虎　　虎　　虎

甲骨文　　金文　　小篆　　隶书　　楷书

个"人"。也许是人们觉得用虎的形象还不足以表现它的可怕，所以在下面加了一个"人"字，表示这是一只随时可以伤人的猛兽。也有人说，那不是"人"，而是指老虎锋利的爪子。慢慢地，复杂的笔画逐渐演变，今天我们看这个"虎"字，上面的"虎字头"已看不到凶猛的"百兽之王"的形象了，下面的"人"也讹变为"几"。

表示老虎伤人，最典型的要数汉字"虐"（虐）。它的虎字头的下面是爪和人，表现的是远古时期老虎残暴伤人的场景。现在人们用"虐待"来表达用残暴狠毒的手段对待他人。

有人会问"虚心"的"虚"，跟老虎有啥关系，为什么也是"虎字头"？其实，最早的"虚"是"墟"的本字，下面的"业"本源是"丘"，表示一个地方。山林之王老虎，都有自己的地盘。据说一只成年虎方圆40公里之内都是它的地盘，所谓"一山不容二虎"说的就是这个意思。那块属于虎的地盘就叫"虚（墟）"。后来为了和"虚"区分，就给它的本意加上了土字旁（墟），而"虚"也引申为空虚、虚心之意了。在汉字发展的过程中，像这样因字义衍变分化而另造其他字的现象很普遍。

文化溯源

十二生肖中，虎一直是勇猛威武的形象，人们对它又敬又怕。因此产生很多跟"虎"有关的俗语和成语。如：人们把语言、行为十分凶悍的女人叫"母老虎"；把那些表面上一团和气，却笑里藏刀，背地里做坏事的人叫"笑面虎"；那些自己没什么大本事，却装样子吓唬人的，叫"纸老虎"。

"老虎的屁股摸不得""山中无老虎，猴子称霸王""伴君如伴虎"等俗语，"虎口夺食""虎口拔牙""虎视眈眈""如狼似虎"等成语，都是由老虎凶猛威武的本性延伸而来。人们还把像老虎一样的背叫虎背，像老虎一样的看叫虎视，像老虎一样的蹲着叫虎踞。在南京，有一条路就叫虎踞路。毛泽东著名的《七律·人民解放军解放南京》："钟山风雨起苍黄，百万雄师过大江。虎踞龙盘今胜昔，天翻地覆慨而慷……"写的就是人民解放军渡江解放南京时如虎一般的勇猛威武。

南京致远外国语小学分校六1班　戴澜欣

实践运用

　　人们会用"虎头虎脑"来表达男孩儿健壮憨厚可爱的样子。在中国民间，有很多为孩子做的虎头枕、虎头兜、虎头鞋、虎头帽，还有玩具布老虎等。在百姓的心中，老虎有时是一种威胁，有时候却能辟邪祛灾。人们希望用这样的饰品护佑孩子一生平安。古代"虎"还是军权的象征，皇帝为掌控天下兵权，使用"虎符"，自己一半，将领一半，两块合璧方能调动天下兵马。虎符的外形如虎一般威严勇猛，让人望而生畏。中国文学中有许多勇士与猛虎的故事，如李广射虎、武松打虎，有兴趣可以去读一读。

兔

说到"兔"，你的耳边也许立即会响起熟悉的儿歌"小白兔，白又白，两只耳朵竖起来"。长耳朵，三瓣嘴，短尾巴，加上红宝石般的眼睛和一身雪白的绒毛，温驯善良的小白兔简直就是美好的化身。

汉字探秘

甲骨文的"兔"（🐰）非常形象，就是一只活蹦乱跳的兔子的象形；金文的"兔"（🐰）上面是长耳朵，中间是灵活的身子，下面是短短的四肢和尾巴；到了小篆（兔）之后，便不那么象形了；楷书"兔"上面的刀字头其实是兔子的耳朵，最后一笔"点"表示的是它绒球似的短尾巴，中间那部分就表示它的身体了（只是已经不太象形）。

甲骨文　　小篆　　隶书　　楷书

　　大人常说，"这孩子跑起来比兔子还快"。那么兔子跑起来到底有多快呢？据说野兔奔跑的速度可以达到每小时七十到八十公里。有个词语叫"动如脱兔"，说的就是动起来像逃脱的兔子一样敏捷。其实，有两个汉字和这个意思相关：逸和免。

　　逸，"逃逸"的"逸"。看看这个字形，"兔"＋"辶"。"辶"表示的是"止"，就是脚。根据字形就能猜出它的意思："逸"表示兔子在跑或者像兔子一样地在跑。逃逸，就是逃跑，逃的速度很快，跑得没了踪影。这个"逸"后来引申为安闲、安乐的意思，因此"安逸"，就是很放松、很舒服，安闲不劳作的意思。有时候，看到一个汉字，我们从字形上也能猜出它的意思。这样的字大多是会意字。

　　"免"，和"兔"简直就是一对双胞胎！很多低年级的小朋友初学时经常写错。现在我们知道，兔子有条小尾巴，今后你不会再把它弄丢了吧？那么，"免"跟"兔"到底有啥关系呢？兔子的尾巴丢了，怎么就成了"免"呢？许慎在《说文解字》中曾这样解释："兔不获于人，则谓之免。"意思是说，兔子跑得很快，没有被人逮住叫"免"，表示逃过了灾难，避过了灾难。所以有"免除""免罪"等词语。后来，人们看了"免"的甲骨文和金文

南京致远外国语小学分校一 2 班
占斯年

(免)之后才知道，"免"下面是"人"，上面是人戴着的帽子。由此可见，"免"是"冠冕"的"冕"的本字，本意就是帽子，后来假借为去掉、免掉的意思。这么看来，"免"和"兔"真的是一点关系也没有，只是汉字的演变过程中发生的巧合而已。

兔子外形可爱，性格温和，大家都非常喜欢它。如果它被网罩住、被人捉住，人们会觉得对于可爱的兔子来说，真的是太"冤"了。你瞧，上面一张网，下面一个"兔"字，这个字读"冤"。当然，这个字本义是说，兔子被网给罩住了，身体就弯曲不能伸展，就不能自由行动。所以，冤，表示"屈"的意思。后来才被引申为某人无故地受了指责和处分，受了不公平的待遇，如"冤屈""冤枉""冤案""鸣冤叫屈"等。

南京致远外国语小学分校二2班　赵逸川

文化溯源

和"兔"有关的成语故事有很多,比如"守株待兔""兔死狐悲""狡兔三窟"等。还有很多有趣的俗语,也跟兔子有关。说一个人办事没耐心、没常性,人们会用"兔子尾巴长不了";说一个人不在家门口做坏事,人们会说"兔子不吃窝边草";"兔子急了也咬人",说的是老实人被逼急了也是会反抗的。

在中国人的心目中,"兔"是美好的字眼,兔子是美好的动物。传说月宫里面住着一只玉兔。李白在《古朗月行》中有"玉兔捣药成,问言与谁餐"这样的诗句。也许孤独的嫦娥因为有了玉兔的陪伴,就不会那么寂寞了吧。2013 年,中国科学家将中国首辆踏上月球表面的月球车命名为"玉兔号"。兔还与我们的生活息息相关,小朋友们最喜欢吃的一款奶糖叫大白兔奶糖;元宵节看花灯,小朋友们最喜爱的是兔子灯;有一款计算机软件也叫"超级兔子"。可见人们对兔子的喜爱。

十二生肖中,两个一组,虎和兔为第二组。老虎代表勇猛,兔子代表谨慎。如果只有勇猛没有必要的谨慎,就会变得很鲁莽,而一味地谨慎也会变得胆小怯懦。只有两者结合,勇猛又谨慎,胆大又心细,才能更好地完成自己的工作。这也是生肖文化对我们的启示。

实践运用

了解了汉字"兔"的由来,知道了"兔"和"免"的区别,从字理上读懂了"逸""冤"等生字。你还能找到和"兔"相关的汉字并研究其字源、字理吗?

龙

  "龙"在中国人的心目中有着极其重要的意义。十二生肖中，龙是唯一非真实存在的动物。但是如果有人问你，龙长什么样子？你依然可以大致描述：龙的头上有角，嘴上有须，身上有鱼鳞一样的鳞片，身子像长蛇，身下有脚，脚上有鹰一样的爪子，还有一条长长的尾巴。它有时候在天上飞，有时候在海里游，可以呼风唤雨，无所不能。一个完全不存在的动物，为什么我们都能大致描述出它的样子呢？这是因为，很多古籍对龙的样子都有记载；关于龙的传说更是举不胜举；我国有很多建筑，尤其是皇家建筑的墙面、饰物上都能看到龙的身影。据说，早在原始时期，古人就开始了对龙的敬仰和崇拜。

甲骨文	金文	小篆	楷书（繁体）	楷书

汉字探秘

　　龙的甲骨文（⻰）和金文（⻰），就是人们想象中"龙"的形象。你瞧，它的笔画很简洁，就像一条头上有角、曲着身子、张着大口的巨蟒。也有人说，这个字上面的部分不是角，而是戴着一顶奇特的帽子，有人说是巫师的帽子，象征着龙不是现实中的动物，是神（摘自《老浦识字》）。也有人说，那是代表它尊贵身份的王冠。古时候皇帝自称真龙天子，头戴王冠是天子的标识。有意思的是，我们在"凤"的甲骨文中同样看到了这顶"王冠"（⻰，⻰）。

　　到了小篆（龖）以后，龙的字形变化很大。笔画变得更加复杂，由左右两部分组成，巨蟒的形象基本看不到了，身后的长尾巴还依稀可见。现在你看到的"龙"这个字，只有五笔，写起来很简单，是繁体字"龍"的简化字。可以说，"龙"这个汉字的演变经历了从简到繁，又从繁到简的过程。只可惜，它已经不那么象形了，看到"龙"这个汉字我们也只能脑补一下它的形象了。

　　后来，"龙"也成了很多形声字的声符，如"笼、拢、聋、胧、珑"。有两个字很有意思，一个是"庞"。上面的"广"表示高高的屋子，下面是一条巨龙。这个字读"庞"（páng），是一个会意兼形声字。巨龙住的屋子，当然是"庞大"无比的。所以"庞"表示的意思就是大，"庞然大物"就是指又高又大又笨重的东西。另一个字和"庞"长得特别像——"宠"。上面的"宝盖头"也表示屋子，下面也是一条龙，这个字表示的是豢养在家中的"龙"，也许就是无毒的蛇之类的动物。这些养在家中的动物就是我们常说的宠物，"宠"就是宠爱的意思。你看，两个不同汉字中同样的一条"龙"，一个是"庞"然大物，一个成了"宠"物，是不是很有意思？

文化溯源

　　古人对龙的崇拜，从原始社会就开始了。所以，中国人被称为"龙"的传人，我们中华民族被称为"东方巨龙"，中国龙成了中国在世界的一个文化标识，象征着我们华夏五千年的民族文化和民族精神。就像歌词里说的那样："古老的东方有一条龙，它的名字叫中国。古老的东方有一群人，他们全都是龙的传人。"每次听到这首《龙的传人》，我们都非常激动，也非常自豪。今天我们都可以自豪地说，我们是龙的传人。

　　在几千年的封建社会，龙可是权势和地位的象征，是帝王的"专利"。皇帝自称真龙天子，皇帝的身体叫"龙体"，皇帝穿的衣服叫"龙袍"，皇

南京致远外国语小学分校二3班　李希玉

帝坐的椅子叫"龙椅"，皇帝乘坐的车子叫"龙辇"。只有皇帝的衣物上才可以用龙作为装饰，如果普通臣子用"龙"的饰品，那可是犯了欺君之罪，要被杀头的。

后来，人们也把一些志向远大、很有能耐的人称为"龙"。比如诸葛亮出山之前，隐居在卧龙岗，人称卧龙先生，意思是有志向、有能力，暂时没有得到重用的人。后来刘备三顾茅庐，卧龙先生诸葛亮出山，果然辅助刘备成就了大业。现在人们也把那些杰出的、非凡的人才，称为"人中之龙"。父母都希望自己的孩子有出息，像龙一样有才能，就叫"望子成龙"。很多父母给孩子取的名字中也有"龙"，寄托着"望子成龙"之意，比如十大元帅之一贺龙、香港著名演员成龙、功夫巨星李小龙等。

民间传说，每年农历二月初二，是天上龙王抬头的日子。从那天起，雨水就会多了起来。所以有"二月二，龙抬头"的说法。这一天，很多人都会去理发，希望自己在新的一年里能够抬起头来，发奋有为，创造新的生活。尽管龙并不存在，人们却用它来给很多事物命名。北方有一种又细又长的面条，人们说就像龙须，所以叫龙须面，特别好吃；还有一种像龙须一样细长的草，叫龙须草，是一味中草药；夏天强对流引起的破坏力极强的风暴人们叫它"龙卷风"。

实践运用

因为龙神通广大，神秘莫测，所以有很多故事流传，比如"画龙点睛""叶公好龙""蛟龙得水"等故事。你听过吗？可以给家人讲一讲这些故事或者讲讲跟龙相关的汉字。

蛇

蛇是古老而又可怕的爬行动物。十二生肖中的"蛇"却有一个独特的名字——小龙。

汉字探秘

"蛇"这个汉字，左右结构，由两部分组成。为什么"蛇"的左边是"虫"，右边是"它"，难道是提示我们"它"就是一条长"虫"吗？说起"蛇"的构字方式，还是很有意思的。我们都见过蛇的形状：三角形的蛇头，红色的芯子，盘曲的身体，细长的尾巴。在甲骨文中，并没有"蛇"

甲骨文	金文	隶书	楷书

这个汉字。那么古人用什么字表示蛇呢？

我们先去看看甲骨文的"虫"和"它"，你就明白了。没错，你看到的"它"的甲骨文就是一条蛇，上面是蛇的头部，下面是弯曲的身体。后来，头部演化成宝盖头，身体演化成"匕"。最早的"它"就是指"蛇"。现在朋友见面我们会问一声"别来无恙"？古时候朋友见面会问一声"无它乎"？意思是，亲爱的，今天没有遇到毒蛇吧？你今天没有被蛇咬了吧？这个"它"原本就是指蛇，后来才被作为第三人称代词，不再有"蛇"的意思了。

| 甲骨文 | 金文 | 小篆 | 楷书 |

再来看"虫"的甲骨文，还是一条蛇。"虫"的本意也是指"蛇"，后来才发生了变化。古人还用"虫"泛指一切动物。武松打虎的故事中，老虎就被称为"大虫"。现在，虫多用来表示一般的虫类。

"虫"和"它"都是指"蛇"，人们干脆将"虫"和"它"合并在一起，专指"蛇"这种动物，而"虫"和"它"都被借作他用，不再有"蛇"的意思了。"蛇"的本字原来竟然是"它"和"虫"，它的构字是不是很有意思。

还有一个有意思的汉字，和蛇有关。在古人的眼中，天上出现彩虹是非常神奇的现象。古人认为，那一定是某种神奇的动物，会是什么呢？古人看到彩虹的两端一直延伸到水中，认为一定是天上的神龙在吸水，而且是双头的龙。所以，"虹"的甲骨文（），就是一道拱形彩虹，两端各有一个蛇头。后来这个字才演变成左右结构的形声字，左边"虫"是形旁，表示一条蛇；右边的"工"是声旁，同时也表示这是一条双头蛇（或神龙）。神奇的是，澳大利亚土著民族信奉的居然就是彩虹蛇，这跟我国古汉字"虹"的说法异曲同工，真是太不可思议了！

文化溯源

　　十二生肖中，蛇是阴冷又神秘的动物。因为它紧跟"龙"之后，龙的形状也是从蛇幻化而来。因此属蛇的人更喜欢说自己属"小龙"，甚至蛇年出生的很多孩子干脆取名叫"小龙"。

　　蛇可以一口吞下捕获的食物，人们用"人心不足蛇吞象"比喻人贪心不足。蛇的尾巴细细长长，人们用"虎头蛇尾"比喻做事有头无尾，没有恒心，不能坚持。

　　关于"蛇"的故事有很多，《农夫与蛇》说的是蛇不仅有毒，还忘恩负义。《杯弓蛇影》讲的是古时候有人请客吃饭，明明是弓的影子，客人却误

南京致远外国语小学分校一3班　孙弋涵

以为酒杯里有一条蛇，回去后总是疑心，因而得了病。后来这个成语用来说明疑神疑鬼会带来无端的恐惧。再如"蛇鼠一窝"，蛇住到了老鼠的窝里，形容坏人相互勾结。还有"蛇蝎心肠"，形容心肠狠毒。这些故事或成语无一例外，都表达出人们对蛇的厌恶、害怕、恐惧。

但是在中国四大民间传说中，却有一条美丽善良、敢爱敢恨的白蛇，赢得了人们的喜爱，她就是中国人老少皆知的"白娘子"。相传，西湖断桥边，白蛇白素贞遇见书生许仙，他俩一见钟情，相爱相守。后来遇到法海和尚，拆散了一对美好姻缘。人们敬重白蛇的勇敢侠义，白娘子的故事，便口口相传，流传千年。

世界卫生组织的会徽上也有一条盘绕在权杖上的蛇。很多医学机构都以蛇为标识，比如中华医学会的会徽，中华人民共和国卫计委的部徽上面都有一条蛇。你一定有疑问，可怕的蛇跟治病救人的医学有什么关系？原来这跟希腊神话中的医神阿斯克勒庇俄斯有关。有兴趣的同学不妨去查阅"蛇杖"的由来，去读一读西方神话故事中蛇的形象。

十二生肖中，龙和蛇是第三组。古人认为龙代表刚猛，蛇代表柔韧。过于刚猛的性格容易伤到他人也伤到自己；而过于柔弱，又容易失去主见，一事无成。龙蛇一组，两者结合，体现的正是刚柔并济的人生智慧。

实践运用

最初的"蛇"，竟然是"虫"和"它"，也难怪人们会解读为"它是一条长虫"；两条长虫竟然是"彩虹"的"虹"的原型。汉字体系中，像这样的汉字组合还有很多，你还能找到这样的趣味构字吗？

马

东汉著名的青铜器"马踏飞燕"堪称艺术珍品。那是一匹正昂首腾跃的宝马，体形矫健，躯干壮实，三足腾空，一足踏于飞燕之上。表现的是骏马凌空飞腾、奔跑疾速的雄姿。这匹铜奔马栩栩如生，让人叹为观止。

汉字探秘

甲骨文的"马"正是一匹马的简笔画，长脸、大眼睛、鬃毛、身体、马蹄、尾巴都清晰可见；金文突出了眼睛、鬃毛和强劲的身体，表现它奔驰的力量和速度；到了小篆，象形的意味有所弱化，马的鬃毛、四蹄、尾巴都不是很清晰；隶书的"马"有了简化，基本没有了马的象形。又经过多年的演变，到了楷书和今天的简体字，单从字形上，已经看不出马奔跑时神采飞扬的雄姿和力量了。

馭   鬃   馬   馬   馬   马

甲骨文   金文   篆书   隶书   楷书   简体

自古以来，马和人们的生活密切相关，是农业生产、交通运输的重要工具。这一点从很多以"马"为形符的形声字中能够看出。比如"驾"和"驶"，都是马字旁；"骑马"的"骑"；"驮东西"的"驮"；"驱赶"的"驱"。还有"驿站"的"驿"，驿站就是古时候送公文的途中换马的地方。从这些字中，我们可以看出马一直是人类最忠实的好朋友。还有一些跟马相关的动物名称，也用"马"做形符，如"骆驼""驴子""骡子""马驹""骏马"。

在众多的形声字中，有一些已经很难看懂。比如"骄傲"的"骄"为什么是"马"字旁？"骄"跟"马"有什么关系？说起来，这个字跟"马"还真有关系。《说文解字》认为，马高六尺为"骄"。"骄"的本义就是指又高又大的马，高头大马，引申为自高自大、骄傲自满的意思。难怪"骄"是"马"字旁。

还有一些形声字中，"马"成了声符，比如"吗""妈""码""玛""骂"。这个"骂"的本意是"谩骂，用恶言恶语伤害别人"。小篆"骂"（𥅆）的字形外围很像一张网，意思是用恶言恶语网在人身上，里面的"马"，表示读音。同时，马善于奔驰，其气势足以压迫人，这里也有"恶言恶语压迫人"的意思。到了楷书，上面的"网"变成两个"口"，这个字同（喧），意思是大声辱骂。"骂"的本义一直沿用至今，如"骂人""辱骂""责骂"。

文化溯源

古代社会，马是武力的象征。战马是古代战争中决定胜负的关键力量，"马到成功"说的是战马一到阵前就能取得胜利；"一马当先"说的是战场上策马上前，冲在前面；"马不停蹄"说的是马儿一直向前，不停止跑动。还有"千军万马、万马奔腾、招兵买马、单枪匹马、金戈铁马、马革裹尸、兵强马壮"等，这些成语都跟古代战争有关。

南京致远外国语小学分校二 3 班　孙歆雅

古时候，马还是国力的象征，国家的大小强弱都是以马的数量来计算的。百乘之国是小国，千乘之国才是大国，万乘之国就是超级大国。古时候，四匹马拉的一辆战车为一乘，千乘万乘之国就是指拥有很多兵马的国家。

十二生肖中，马忠诚、勤劳、勇往直前，是人类最亲密、最友善的朋友。战场上，它和人类并肩作战；生活中，它任劳任怨、忠诚勤劳。人们把那些"有能力，有抱负"的人称为"千里马"，发现"千里马"的人叫"伯乐"。文学家韩愈曾经发出"千里马常有，而伯乐不常有"的慨叹，希望一代明君能更多地发现人才、重用人才。清代诗人龚自珍也曾经发出呼吁："九州生气恃风雷，万马齐喑究可哀。我劝天公重抖擞，不拘一格降人才。"诗句中"万马齐喑"说的是所有的马都没了声音，比喻人们都沉默，不说话，不发表意见，形容局面沉闷。

中国人尤其崇尚龙马精神，龙马指的是传说中像龙一样的骏马。先祖们认为，龙马是黄河的精灵，是炎黄子孙的化身，代表着华夏民族的精神气质，龙马精神正是中华民族自强不息的精神写照。

南京致远外国语小学分校一3班　蒋亦如

实践运用

关于马的故事还有很多，"小马过河""老马识途""指鹿为马""塞翁失马"等。据说还有一种天马，长着双翅，腾空飞行。"天马行空"形容无拘无束，挥洒自如。你也可以发挥天马行空的想象力，去创作一幅关于"马"的汉字画或者编一个关于"马"的汉字故事。

动物中，羊最为温驯善良。十二生肖文化中"羊"是吉祥的代名词。

汉字探秘

　　和"牛"一样，最早的"羊"也是羊头的象形。不一样的是，牛角是向上弯曲的，羊角是向下弯曲的，下面是高高的鼻梁，尖尖的嘴巴。在中国国家博物馆陈列着一件稀世国宝，那就是 1938 年出土的商王朝的青铜礼器——四羊方尊。在四羊方尊上，有 4 个卷角羊头。"羊"的甲骨文和"四羊方尊"四个栩栩如生的卷角羊头极为相似。今天我们看到的楷书"羊"头上的两只"羊角"依然很形象。

𐂃 𐂃 羊 羊 羊

甲骨文　　金文　　小篆　　康熙字　　楷书

文化溯源

　　在中国文化中，羊是吉祥物。古文里"羊"和"祥"通用。很多古代器物把"吉祥"的铭文写成"吉羊"，羊成了吉祥如意的象征。在古代祭祀活动中，羊也是重要的祭品。古时候天子祭祀用代表尊贵的牛，而诸侯祭祀一般都用代表祥瑞的羊。

　　羊秉性温驯，早在5000多年前便被人类驯化，成了人们衣食住行的主要物质来源。这样的信息在很多汉字中被保存了下来，如鱼羊烹饪味道"鲜美"，"鲜"的右边是"羊"。再如"养"的繁体字"養"上面一个"羊"，下面一个"食"，表示以羊作为食物来供养人。再比如"羊"加上"火"组成"羔"，烤羊肉一般用的都是小羊，所以"羊羔"指小羊。而"羔"加上"美"就成了"羹"，一种美味汤类的名称。你看，从这些汉字中都能看出羊在人类生活中的地位。

　　在古人眼中，羊不仅是吉祥如意的象征，还是真善美的化身。"美"和"善"两个汉字中都有"羊"。"美"的上面是"羊"，下面是"大"。许慎在《说文解字》中认为"羊大为美"，又肥又大的羊，肉质一定很鲜美。也有学者认为，下面的"大"表示站立的人，上面的"羊"，表示人头上插着羊角或者羽毛等装饰品，装扮得特别漂亮叫作"美"。因此"美"表示美好、美丽的意思。

　　"善"的构字很有意思，金文中的"善"（𦎤），上面是"羊"，下面是两个"言"，表示人人在说羊驯良美好的品性。古有羔羊跪乳、德如羔羊

等说法，将羊视为善良知礼、孝敬父母的典范。所以"善"的本意就是良、好的意思，后来有了"善良，和善，良善，与人为善"等词语。类似的汉字还有许多，如"羡"，上面是"羊"，下面是"张着大口垂涎直流的样子"，表示想要得到；再如"羞"，是一个人手拿羊腿的样子，是"馐"的原义，后来分化成"馐"和"羞"两个字。

羊柔弱，温驯，很多成语以羊喻弱者，比如"羊落虎口""饿虎扑羊""羊入虎群"等。还有一些跟羊有关的成语俗语也很有意思。"顺手牵羊"表示趁机拿走别人的东西；"挂羊头卖狗肉"说的是里外不一致，以次充好，欺骗他人；"羊毛出在羊身上"说的是表面上得到了人家给的好处，实际上这都是自己付出的；"披着羊皮的狼"说的是伪装成好人的坏人。人们把一个团队中的领导或者核心人物称为"领头羊"；羊除了作为祭品，宗教

南京致远外国语小学分校二1班　李君哿

中还有用羊为人类替罪的故事，人们把那些代人受过的人叫作"替罪羊"。

十二生肖中，马和羊是第四组。马一往无前，给人一种昂扬向上的力量；羊温驯谦和，给人带来安宁、祥和之感。马羊组合，一动一静，好像在启示我们，生活中既要有奋发向前的勇气，也要有祥和安宁的静气，这样的生活才会更加美好。

实践运用

伊索寓言《狼和小羊》；格林童话《狼和七只小羊》；中国寓言故事《亡羊补牢》都是和"羊"有关的经典故事，你都读过吗？

十二生肖中，猴是最聪明最机灵也最像人类的动物。

汉字探秘

"猴"这个字最早见于小篆（猴），是一个形声字。左边"犭"是形旁，表示这是哺乳动物，右边"侯"表示读音，原指贵族、君主，也表示猴子是高等的哺乳动物。汉字体系中没有给"猴"设立部首，而是从犬，被《说文解字》收入《犬部》。由此可见，在古人心目中，猴子的地位比马牛羊低得多。

（"猱""夒"的）甲骨文　　　小篆　　　楷书

那么在小篆之前,人们是用什么字形来表示猴子这种动物的呢? 有人说,最早表示猴子的是"猱""夒","猴"是后来另造的形声字。甲骨文中"猱"是猴子的象形,有的向左,有的向右,就像调皮的猴子,据说是长臂猴的一种。

文化溯源

古人对猴的喜爱,除了它的聪明机灵,还跟它的名称有关。我曾经看过一个精美的工艺品:一只猴骑在马背上。马与猴组合,有何寓意? 看了它的名称我才恍然大悟。这件工艺品有一个非常有趣的名称,叫"马上封侯"。原来,"猴子"的"猴"与"王侯将相"的"侯"同音。侯是中国古代贵族爵位的一种,"封侯"指被封为有爵位的地方君主。直白点儿说,封侯就是"做官"。"马上"在这里不表示"马背上",而表示即刻、很快的意思。原来"马上封侯"寄托了"很快升官"的寓意。据说还有用骏马、蜜蜂和猴子组成的"马上封侯"。还有母猴背着小猴,表达古人辈辈封侯、代代封侯的美好愿望。谐音中蕴含的智慧与趣味让人惊叹。

提到猴子,最有名的当然是孙悟空了。它是中国人心中的超级英雄。大闹天宫、三打

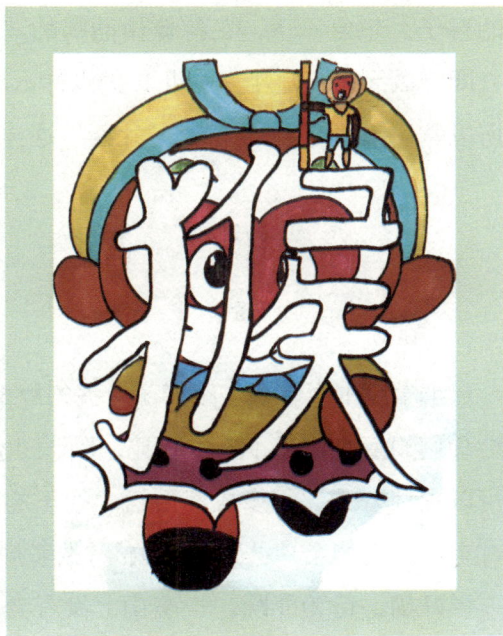

南京致远外国语小学分校四2班
裴雪辰

白骨精——吴承恩笔下的精彩故事几乎家喻户晓。孙悟空火眼金睛，一身本领，勇敢无畏，成了中国人骨子里的民族精神。

孙悟空为什么会姓孙呢？这跟猴子的另一个名称"猢狲"有关，猴子又叫猢狲。于是菩提老祖将猢狲的"狲"去掉表示兽类的犬字旁，让他姓了"孙"，也表示去除兽性，让他有了人性。也有人问，那为什么不让他姓"胡"呢？《西游记》中菩提老祖是这么解释的："你身躯虽是鄙陋，却像个食松果的猢狲。我与你就身上取个姓氏，意思教你姓'猢'。猢字去了个兽旁，乃是个古月。古者老也，月者阴也。老阴不能化育，教你姓'狲'倒好。狲字去了兽旁，乃是个'子''系'。子者儿男也，系者婴细也，正合婴儿之本论，教你姓'孙'罢。"你明白了吗？

猴子好动，机灵，也多疑。一发现有风吹草动，立即爬上蹿下，犹豫不决。"犹豫"的"犹"本义就是指猴子，它的甲骨文和金文像是正偷酒喝的猴子。想象一下，正打算偷酒喝的"犹"（猴子），听到一点响动，它会立即弃酒而去；过了一会儿，见没什么动静，又会探头探脑地偷偷跑过来。所以，后来便有了"犹豫""犹疑"这样的词语。

时　　齛　　猶　　犹
甲骨文　金文　楷书　简体

小学课本中有很多跟猴子有关的故事，《猴子捞月亮》《小猴子下山》等，给我们的童年增添了不少乐趣。《猴王出世》的故事也进入了语文教材，你可以去读一读。很多成语俗语中猴子的形象也很有趣。比如猴子顽皮，没有定性，人们会用"猴头猴脑""猴子屁股——坐不住"形容一个人像猴子一样好动、行为浮躁。一座山上没有老虎的时候，猴子都可以出来耀武扬威，"山中无老虎，猴子称霸王"讽刺那些没什么真本领的人充当了主要角色。"沐猴而冠"意思是猴子穿衣戴帽，冒充人的样子，说的是徒有其表、形同傀儡。"杀鸡吓猴"也叫"杀鸡给猴看"，比喻用惩罚一个人的办法来警告别的人。人们觉得一件事遥遥无期甚至不可能实现，就会用"猴年马月"来表达内心的无奈，毕竟猴年马月12年才会遇到一次。

因为猴与封侯拜相的谐音关联，又因为猴的诙谐聪慧，人们对猴的喜爱经久不衰。猴年也成了人们心目中的吉祥年。人们都说属猴的人聪明伶俐，善于交际，思维敏捷。你身边有属猴的家人或朋友吗？

实践运用

古代诗歌中，也常有"猴"的形象。如李白的"两岸猿声啼不住，轻舟已过万重山"，张籍的"猕猴半夜来取栗，一双中林向月飞"，郦道元的"巴东三峡巫峡长，猿鸣三声泪沾裳"。诗人笔下，为什么猿啼常有哀伤悲苦的意象呢？你可以去做点研究。

鸡

"头戴红冠，身穿彩衣，一声高歌，日出东方。"这首儿歌讲的是大家非常熟悉的大公鸡。

汉字探秘

最早的鸡也是会飞的鸟类，所以"鸡"右边是"鸟"，被人类驯化之后，它的翅膀开始退化，身体越来越重，最后就飞不起来了。"鸡"的甲骨文（🐓）和金文（🐓），都是一只头戴红冠、昂首阔步的公鸡的象形；到了小篆，"鸡"成了形声字（🐓），左边增加的"奚"是声符，表示读音；同时，"奚"的上面是一只手，下面是一个被捆绑的人，有"戏弄"的意思。

甲骨文	金文	小篆	楷书（繁体）	楷书

古时候有一项非常流行的活动叫"斗鸡"。也有人认为，"奚"也表示"鸡"被人抓住驯化之后，会飞的野鸡就变成了"非鸟类"的"鷄"。后来左边的"奚"简化为表示"用手抓"的"又"，成了现在的简体字——"鸡"。

文化溯源

十二生肖中，鸡是唯一的禽类。它为什么能成为十二生肖之一呢？古人认为，"鸡有五德"：第一，它头上戴着红冠，是文雅（头戴冠者，文也）；第二，它脚上长着尖距，是威武（足傅距者，武也）；第三，它大敌当前，敢于直面相对，是勇敢（敌在前敢斗者，勇也）；第四，它见到有食物，呼唤同伴一同享用，是仁义（见食相告者，仁也）；第五，它每日报时从不失误，是诚信（鸣不失时者，信也）。古人赋予它文、武、勇、仁、信五种品德，由此可见古人对鸡的宠爱。

鸡能准点报时，鸡鸣即天亮，因此成为光明的使者，准点报时的"闹钟"。后来用这个成语比喻有志报国的人及时奋发。颜真卿的诗句"三更灯火五更鸡，正是男儿读书时。黑发不知勤学早，白首方悔读书迟"，意在劝勉人们黎明即起，珍惜时间，努力学习。

作家高玉宝有一篇有名的小说《半夜鸡叫》，说的是恶霸地主周扒皮为了让长工们多干活，竟然半夜模仿鸡叫的故事。非常有意思，不知你读过没有。民间还有"鸡打鸣，鬼怪离"的说法，据说鸡能驱妖魔鬼怪，是邪恶的克星。"鸡"与"吉"谐音，也成为吉祥的象征，是人们心目中吉祥的神鸟。相传，安史之乱的时候，两只神奇的山鸡救了唐玄宗的命，于是皇上御口金言"宝地神鸡"，此地因而得名"宝鸡"。陕西省宝鸡市的这个名称一直沿用至今。

中国的地图就像一只昂首傲立的雄鸡，李贺有诗句"雄鸡一声天下白"，毛泽东将其化用为"一唱雄鸡天下白"。"雄鸡"代表新中国；"天下

白"指全国取得了胜利，迎来了光明。整句表达新中国成立的豪迈之情，也象征着新中国新气象，人们开始了新生活。现在人们也常借这一诗句表达全新的开始或者表达真相大白的意思。

在日常生活中，鸡随处可见，整天奔忙，四处觅食，它是平凡的，也是大众的，这与先民们自身的生存状况非常相似。"鸡"与"犬"组合的很多成语俗语大多跟大众化的琐碎窘迫的生活小气象相关。如"鸡零狗碎"形容事物零零碎碎，不成片段，也比喻无关紧要的琐碎事务；"鸡飞狗跳"意思是把鸡吓得飞起来，把狗吓得到处乱跳，形容惊慌得乱成一团；"鸡犬不宁"形容声音嘈杂或骚扰得厉害，连鸡狗都不得安宁；"鸡鸣狗盗"指微不足道的本领，也指偷偷摸摸的行为；还有"偷鸡摸狗"，指偷窃的行为或者做不正当的事情。

在生肖文化中，猴和鸡是第五组。猴灵活多变，鸡定时打鸣，恒定不变。智慧的古人似乎在启示我们既要灵活变通，也要坚守本真，既要有灵活性，也要有稳定性，两者结合，才能拥有完美的人生。

南京致远外国语小学分校一 4 班　丁潜朦

实践运用

　　在作家的笔下，小鸡可爱、有趣又独特。《不一样的卡梅拉》系列故事就是这样一部精彩有趣的故事书，你可以去读一读。

狗

十二生肖中，狗是人类最亲密的伙伴。"狗不嫌家贫"说的是无论家境多么破败，主人多么贫穷，狗都会不离不弃，一生跟随。

汉字探秘

"狗"是俗称，"犬"是学名。甲骨文的"犬"（ ）是一只侧面直立的狗的象形：上面是头部，右边是身体，中间是腹部，左边是善于奔跑的长腿，下面是卷曲的尾巴；金文的"犬"（ ），几乎就是一只狗的影像图；到了小篆（ ），形状变化比较大，各部位全部以线条表示；到了隶书（ ），

狗　　狗　　狗

金文　　小篆　　楷书

基本没有了"犬"的形状。而楷书"犬"，已经完全看不出犬的样子了。

"狗"是一个形声字，最早见于西周的金文。"犬"成了这个字的形符，"句"是声符。古时候"勾"和"句"通用，这里表读音的"句"读"gōu"，不读"jù"。

"犬"成了偏旁"犭"，"犭"做部首的很多字跟狩猎有关。因为犬的嗅觉特别灵敏，"嗅"的本字是"臭"，"臭"上面的"自"是鼻子的象形，下面是"犬"，借"狗的鼻子"表示猎犬有着非常敏锐的嗅觉（后来和"嗅"分开成为两个不同的字）。

古时狩猎时，人会匍匐在地，猎狗也会"伏"（ ）在人的身边。"埋伏"的"伏"（ ）就是猎狗和人伏在草丛中等待猎物。等到猎物靠近，猎狗会突然从草丛中冲出去，这就是"猝"，表示突然的意思。猎狗从洞口猛地冲出去，叫"突"。"突然"的"突"，上面的"穴"表示洞穴、山洞。见到猎物之后，猎犬会不停地叫，"犬"加"口"字，组成"吠"就是狗叫的意思。犬好斗，一般都独居，所以"独"也是"犭"旁。

也许你会问，"哭"跟"犬"有什么关系呢？有人说，这是会意字，狗在大声哀嚎，其声若哭，表示狗的哀嚎声。也有汉字学家认为，这个字跟"犬"没啥关系，下面其实是"人"的象形，表示一个人张口在哭。古人对哭的理解很有意思，有声无泪的哭叫"号"，无声有泪的哭叫"泣"，既有声音又有眼泪才叫"哭"。"哭"表示一个人一边大声号叫，一边涕泪横飞的样子。

文化溯源

犬是忠诚、忠义的象征，和人的关系最为亲密。狩猎时，它冲锋在前，是主人的好帮手；居家时，它恪尽职守，全力守护家园。"柴门闻犬吠，风雪夜归人"，一声狗叫，给远行归来的人带来的是家的温暖。"犬马之劳"说的是犬和马一生不遗余力为人类奔忙辛劳，现表示愿像犬马一样受人驱使，为人效劳。"义犬救主"指忠诚的家犬勇救家主的性命。

不知从什么时候开始，狗的地位下降，成了人们鄙视甚至谩骂的对象。人的小心眼儿狠心肠被说成"鸡肠狗肚"；文章语句混乱被说是"狗屁不通"；有人借别人的势力为非作歹被说成是"狗仗人势"；有人胆大妄为被说是"狗胆包天"；有人拉帮结派不干正事被说是一群"狐朋狗友"；给人出坏点子的人被称为"狗头军师"；有人多管闲事被说是"狗拿耗子"；有人说话不得体，被形容为"狗嘴里吐不出象牙"；有人有眼无珠看不起人，被说是"狗眼看人低"。还有"狗腿子""哈巴狗""看门狗"，等等。细细想来，很多时候狗真是无端地背了黑锅，顶了骂名。

虽然人们对狗歧视不少，但是也有人对狗褒奖有加。狗的身上有忠、义、勇、猛、勤、善、美、劳等优秀品质。守家为忠，救主是义，狩猎为勇，出警为猛，牧羊为勤，导盲为善，宠物为美，拉起雪橇冒着严寒奔跑可谓是劳。

实践运用

美国作家杰克·伦敦写过一本著名的小说《野性的呼唤》，主人公就是一条名叫巴克的狗，你可以去读一读，一定会让你非常震撼。

猪

猪排在十二生肖的末位，是安定、富足和福气的象征，在中国文化中有着特殊的位置。

汉字探秘

猪的别名叫作"豕"（shǐ）。甲骨文的"豕"（𤯔）是一只侧立的猪的象形，和"犬"的甲骨文十分相似，区别在于猪的肚子大、尾巴短。"豕"最初指的是野猪。《三字经》中提到的"马牛羊，鸡犬豕。此六畜，人所饲"，这里的"豕"指的就是六畜之一猪。

野猪践踏庄稼甚至伤人，于是人们就群起而追赶它，"豕"加上表示脚的"辶"（止），就是"追逐"的"逐"。"逐"的本义就是指一个人正在追赶一只向前奔跑的野猪。后来引申出驱逐、流放的意思。

　　"豕"经过驯化成为家畜，也成了主要的祭品。前面我们讲过，最尊贵的牺牲是牛，其次是羊，而普通人家使用得最多的是猪。祭祀之后大家分而食之，猪肉要煮熟了才好吃。因此"豕"加上表示"煮"的"者"（当然"者"也是这个字的声符），就成了"豬"。到了唐代，左边的"豕"改成了表示哺乳动物的"犭"，就成了我们现在看到的汉字"猪"。

豸　豖　豸　豕　豕

甲骨文　　金文　　小篆　　隶书　　楷书

文化溯源

　　猪是压轴的生肖，它在中国文化中有怎样特殊的位置呢？看一个汉字就能知道——家！上面的"宀"表示人居住的屋子，下面的"豕"指的是被驯化家养的猪。为什么猪养在屋子里？据说先民住的一般是简易的两层，上面住人，下面养猪牛等。为什么屋子里有猪就称之为"家"？远古时候，食物获取很不容易，屋子里有了猪，就意味着不愁吃喝，有了安全感，就有了"家"的感觉。有了家才有了族，才有了国。家是小国，国是大家，所以有了"国家"这个词。家庭在中国文化中的重要意义不言而喻。而"家"最早竟源于成为私有财产的"猪"，难怪它能成为十二生肖的压轴之物。

　　在上古时代，猪的文化意义中不含任何贬义，相反还是衡量勇敢的标准。"勇敢"的"敢"的甲骨文（𢼄）是一个人手拿猎叉向着迎面而来的野猪冲过去的情景。古人认为，能迎击并捕捉野猪的行为称之为"敢"，后来把不惧危险称之为"勇敢""果敢"。被攻击的野猪性情暴躁，身上的猪毛高高地竖起来，这就是"豪"这个汉字的由来。上面的"高"是声符，也

表示猪受到攻击时，猪毛高高竖起。有一种体毛似针刺、样子像猪的动物就叫"豪猪"。"豪"后来引申为豪杰、自豪。

随着家猪数量的增加，猪的地位反而急剧下降。马在战争中冲锋在前，牛在农耕中任劳任怨，猪却一无所能，只能被宰杀。"人怕出名猪怕壮"说的就是猪养得大了就会被宰杀，人怕出了名招致麻烦。猪还被迫与厕所为邻，它也成了肮脏、懒惰、肥胖、蠢笨的代名词。形容一个人人格低下、品行极坏便用"猪狗不如""泥猪癞狗"等词语。形容一个人装腔作势、装模作样，说成是"猪鼻子插葱——装象"。《西游记》中就连能三十六般变化的天蓬元帅也变成了半猪半人的丑陋模样，肥头大耳，好吃懒做，人们对猪的偏见可见一斑。这样的评价对猪真的很不公平。

老人们常说，猪年吉祥，风调雨顺，五谷丰登，六畜兴旺，是个肥年。肥肥的猪代表财富与安定，人们称之为金猪、富贵猪。每逢猪年，年画剪纸中常有"肥猪拱门""猪驮聚宝盆"等形象；市场上会出现很多圆溜溜、胖乎乎、憨态可掬的金猪储钱罐，人们以此表达"金猪纳福"的美好祝愿。南京博物院曾展出一组新石器时期的猪形陶罐，它们造型各异，栩栩如生。有的翘嘴睁眼；有的抿嘴拱鼻；有的呆萌；有的耍酷，十分灵动可爱。

猪和狗是十二生肖的最后一组，狗代表忠诚，猪代表随和。我们的先祖期望我

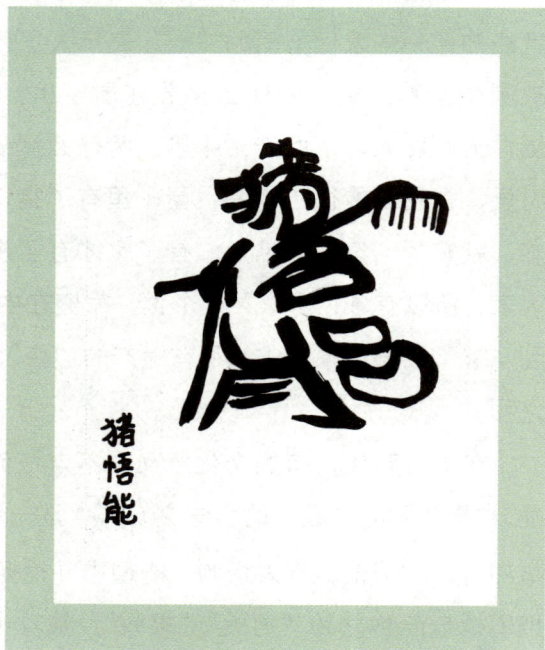

猪悟能

南京致远外国语小学分校三4 张艺恬

们既要忠诚于国家、事业，也要懂得圆融、随和，这样才有助于事业的成功、生活的幸福。

实践运用

　　火遍全球的动画片《小猪佩奇》你看过吗？《夏洛的网》一书中也有一只可爱的小猪名叫威尔伯，你可以去读一读它和小蜘蛛之间的感人故事。

南京致远外国语小学分校一2班　胡新竺

校园东侧，有一面"花墙"，每临春深，各色蔷薇缀满枝头，随风摇曳的花儿如同孩子的张张笑脸。而去年（2020年）满墙花开季，我正在云端给宅家抗疫的孩子们讲汉字系列课程。通过汉字，我们一起踏上中华文化的寻根之旅。

这一讲，就是一年。开始，我只是讲给我校的孩子们听。后来，《小学生学习报》的吕萌主编从朋友圈中看到后，立即联系到我，在该报官微上开设了"仇老师讲汉字"专栏，将这些有趣的汉字课分享给全国各地的小朋友听。再后来，应丁晔校长的邀请，我们的汉字课被传送到大洋彼岸的美国弗吉尼亚州黑堡中文学校的课堂。吕萌主编和丁晔校长对汉字的热爱让我感动！

这一讲，就讲了十二个篇章。从"天地人"一直讲到"十二生肖"。12个主题，10万字文稿，72堂汉字课。我们努力解读汉字中的文化以及中国文化中的汉字，在汉字探秘的过程中一起感受中华文明一路氤氲而来的绮

丽多姿。

30 余年小学语文教学之路，真正研究汉字始于 2012 年。当时，我在南京陶行知小学工作，校长彭小虎博士给语文组推荐了一套汉字研究丛书——《唐汉解字》。由此，我们踏上了汉字研究之旅。我们开发了面向低、中、高不同年段的"汉字文化""猜谜制谜""楹联制作"等系列校本课程。其中的"汉字文化"课程研发，共扫描 300 个字根字的演变图片，开发 64 个字根字的教学课件，形成"猜猜我是谁（字谜文化）—看看我多美（书法欣赏）—我的成长史（字源探究）—我的朋友多（形义衍生）—我有小故事（民俗文化）"的五步教学模式，通过低年级孩子喜闻乐见的方式，带着孩子们趣味识字之余，走进神秘的汉字王国，去了解汉字背后的民族文化基因和中华文化密码。在此，感谢彭小虎博士和一起研究过汉字教学的陶行知小学的老师们。

2016 年 8 月任职致远外国语小学分校，我继续做汉字教学实践，对小学汉字本身的教学价值进行研究。我们发现，汉字教学的功能不止于教会学生断文识字、获取信息，还在于促进儿童的认知发展。为此，我们尝试通过字形演变过程中的"看一看、说一说、比一比"等方法，以汉字学习为载体，促进儿童想象力、观察力、表达力、思维力的同步生长与发展。课题《促进儿童认知发展的汉字教学模式与价值研究》获批江苏省"十二五"规划重点自筹课题，2018 年 12 月以较高质量顺利结题。感谢一起参与该课题研究的老师们。

为进一步推广汉字教学研究成果，2020 年起，"仇老师讲汉字"系列在微信公众平台发布，并逐渐形成十二章 72 堂文化寻根课的完整体系。本书分为两个部分：第一部分从"天地篇""日月篇"开始，到"数字篇""感官篇""六艺篇""教育篇"，共六个篇章，透过一个个耳熟能详的主题汉字，和大家一起探秘远古先民的生活场景和他们最初对世界朴素的认知；第二

部分为后面的六个篇章,分别是"季节篇""五行篇""方位篇""天干篇""地支篇""十二生肖篇",主要讲述传统历法文化中的汉字及故事。72堂汉字课,均以"汉字探秘—文化溯源—实践运用"为架构,分别再现每个汉字的产生、演变和衍化过程,探寻汉字背后的文化基因,让孩子们认识汉字,读懂汉字,准确地使用汉字,并引导他们真正爱上汉字。

一年来,每一篇书稿的形成几乎都在夜深人静之时。有时,为了一个汉字的溯源会查阅许多种版本。《说文解字》《白鱼解字》《唐汉解字》《老浦识字》《澄衷蒙学堂字课图说》《给孩子的汉字王国》等专著与字源网等资源网站,为本书中的汉字提供了大量专业规范的解读,在此表示深深感谢。汉字探秘的过程让这一年多的业余生活充实又充满乐趣。可喜的是,在我的影响下,很多老师也爱上了汉字的寻根探源。邱笑红老师自主研究"天干地支"中的汉字一月有余,她说"研究汉字果真会上瘾";解生华老师带着全班同学一起研究"姓氏中的汉字",他说"没想到每一个姓氏背后有这么多故事,汉字实在是无与伦比的文化载体"。

一年来,学校掀起汉字文化研究热,孩子们听课程、聊汉字、讲汉字故事、创作汉字画,书中收录的图画皆为学生听完课程后的个人原创。借助汉字课程,老师们改进了识字教学策略,不仅带着孩子们识字写字,还带着孩子们一起寻觅汉字背后的故事。感谢将汉字探秘课程制作成音频和视频课件推荐给孩子们的我校语文组老师们,他们是:陆瑞芹、李秀艳、解生华、王丽、顾晓红、孙杰、花倩、滕凌、杨雪婷、祝文君、雷晓娟、朱双、张伏尔加、嵇梦甜、毛文婧、杨丹、戈崇旸、周嘉悦、孙映红、张蕴佳、马玉文、殷子清等老师。同时,感谢顾丹竹、罗海燕等老师的插图,廖哨兵老师的书法。感谢许广颖、姚睿等老师的整理校对。

感谢丁强先生为本书作序。本书从构思到成稿,一直受到丁强先生的关注与指导。序中所谓"文、雅、序、活"的气质,是丁强先生对师者追

求学识的期盼与引领，也是我与我的团队永恒的追求。感谢李建华先生、丛一冰女士、谢英女士、杨树亚先生、邱笑红女士等良师益友对本书每一章节的关注、支持与帮助。感谢无数朋友对我的汉字课程默默的关注和热情的鼓励。在传承、弘扬汉字与中华传统文化的路上，我们继续同行！

2021 年 5 月于南京